PRIVILEGES
ACCORDEZ AUX MAITRES
PATISSIERS-OUBLAYERS
De la Ville, Faubourgs & Banlieue de Paris.

Imprimés par les ſoins des Sieurs

JEAN DE LA COUR.
CHARLES COCQUERELLE.
JEAN-LOUIS SAINSARD.
LAURENT PENEL.

Tous quatre Jurez en Charge.

M. NICOLAS CONSTANTIN
Syndic-Receveur.

A PARIS.
De l'Imprimerie de GONICHON, rue de la Huchette, au Sacrifice d'Abraham.

M. DCC. XLVII.

EXTRAIT DES PRIVILEGES *& Statuts accordés aux Maitres Pâtissiers-Oublayers De la Ville, Fauxbourgs & Banlieue de Paris.*

Lettres accordées par le Roy CHARLES IX. en Juillet 1566, signées par le Roy, DE LAUBESPINE, Registrées en Parlement le 10 Février 1567, par Acte signé DU TILLET, enregistrées aussi en la Chambre du Procureur du Roy, au second Cahier neuf, par Acte signe DE VILLEMONTE'E. Et aussi enregistrées au Livre de Police le 21 Janvier 1573, par Acte signé DU TILLET.

Lettres Patentes du même Roy CHARLES IX. du dernier Juin 1567, adressantes au Prevôt de Paris, portant jussion & commandement qu'il eût à vérifier lesdites Lettres, signées par le Roy en son Conseil, DE LOMENIE.

Lesdits Priviléges confirmés par Henry III. par ses Lettres du mois de May 1576, signée DE VERTON. Et autres Lettres du même Roy, du mois de Juillet 1598, par Arrêt, signé VOYSIN.

Confirmés iceux Priviléges, par Louis XIII. par ses Lettres du mois d'Octobre 1612, registrées en Parlement le 11 May 1613, signées DU TILLET & PARNAJON.

Et par Louis XIV. par ses Lettres du mois de May 1653. signées par le Roy, SAULGER. Registrées en la Cour, le 18 Juin 1653. *signé* DU TILLET. *Visa* MOLE', & *Contentor*, ROUX.

Deux Sentences données au Châtelet le 11 Juillet 1653, portant que lesdites Lettres seront registrées audit Châtelet. Ensemble la confirmation de leur Chapelle de Saint Michel.

Trois Arrests de la Cour de Parlement, des 11 & 26 Aoust 1717, & 10 Aoust 1735.

Et un Arrêt du Conseil, en forme de Reglement, du mois de Septembre 1741.

TATUTS ET PRIVILEGES *accordez aux Maitres Pâtissiers-Oublayers de la Ville, Fauxbourgs & Banlieue de Paris, par le Roy Charles IX. & confirmez par ses Successeurs Roys Henry III. & Louis XIV.*

CHARLES, Par la Grace de Dieu, Roy de France : A tous presens & à venir, SALUT ; çavoir faisons : Nous avons reçu l'humble suppliation de nos chers & bien amez les Maitres Jurez Gardes & Communauté de l'Art de Pâtissier-Oulayer de notre bonne Ville, Faubourgs & Banieue de Paris ; Contenant que par nos prédeceseurs Rois, d'heureuse & louable memoire, que Dieu absolve, pour la police, conduite & entreenement dudit Métier, & obvier aux fraudes & bus qui se pouvoient commettre, leur ont été dès ong-temps concedez & octroyez plusieurs beaux Privileges, Statuts, Ordonnances politiques, ainsi qu'ils sont plus au long contenus & déclarés par les Lettres de Chartres de nosdits Prédecesseurs ; Touesfois par la négligence & mauvais soin de leurs prédecesseurs audit métier, seroit icelui au grand détriment & dommage de la chose publique, quasi demeuré sans Reglement & Police. Pour à quoi pourvoir, & aux entreprises qui se font ordinairement sur cedit Métier par aucuns autres Métiers de notre-dite Ville & Fauxbourgs, & aussi assoupir tous differents & Procès qui pour raison de ce se pourroient mouvoir entre lesdits Suppliants & ledit Métier, iceux Supplians auroient puis n'agueres suivant nos Ordonnances faites aux Etats Generaux tenus en notre Ville d'Orleans, fait voir & arrêter en langage intelligible, leurs dites Ordonnances tant anciennes que modernes, & icelle corriger & augmenter ainsi qu'il étoit de besoin pour le bien, utilité & commodité de la chose publique, police & entretenement dudit Metier dont la teneur ensuit.

PREMIEREMENT,

Que nul ne pourra dorénavant tenir Ouvroir de Patissier & Oublayer en cette dite Ville de Paris s'il n'a été Apprentif par le tems & espace de cinq ans chez un Maitre de cette dite Ville, & s'il n'a fait son tems d'apprentissage.

II.

Que nul ne pourra tenir Ouvroir s'il n'a fait Chef-d'œuvre de Pâtisserie & d'Oublayerie ; A sçavoir, quant à la Pâtisserie six Plats complets en un jour, à la discretion des Jurez : Et pour ledit état d'Oublayerie, sera pareillement tenu celui qui voudra être passé Maitre dudit état, faire en un autre jour pour son Chef-d'œuvre, 500 grandes Oublayes, trois cens de Supplications, de deux cens de Tours dudit Métier, bons & suffisans, & faire six Pâtez pour ledit ouvrage, & aussi pourvû qu'il ſoit homme de bien, de bonne vie & honnête converſation, ſans être repris d'aucun vilain cas & reproche, & qu'il ne ſoit témoigné être tel par les Gardes & Ouvriers dudit Métier.

III.

Qu'aucun dudit Métier ne pourra faire Pâtez grands & petits, de quelque poids qu'ils ſoient, s'ils ne ſont faits de bonne chair & de bon poiſſon, non corrompus, pour uſer au corps humain, & ce à peine de vingt ſols pariſis d'amande pour la premiere fois, applicable moitié au Roy, & l'autre moitié aux Jurez des Gardes dudit Métier.

IV.

Que nul ne pourra faire Tartes & Tartelettes, ſi elles ne ſont de bons & loyaux fromages & de bonne crême fine, non corrompue, pour les inconveniens qui en pourroient avenir., ſur la peine de l'amande applicable comme deſſus.

V.

Ne pourront iceux Pâtiſſiers & Oublayers faire Richolles, ſi elles ne ſont de bon veau, mouton, ou de tranche de cimier de bœuf, le tout bon, loyal & marchand : & ſi ne les pourront garder que le jour qu'elles ſeront faites, & s'ils en gardent pour le lendemain, de les faire réchauffer pour les expoſer en vente ; ſeront condamnez en l'amende comme deſſus.

VI.

Que les Maitres dudit Métier ne pourront faire Pâtez, Richolles, ou quelque autre ouvrage dudit Métier, tant de chair que de poiſſon corrompu, &

ce, à peine d'être icelui ouvrage ars & brûlé devant l'Hôtel de celui qui aura fait ledit ouvrage, & outre le délinquant condamné en telle peine & amande que Justice arbitrera.

VII.

Que lesdits Pâtissiers ne pourront exposer en vente Pâtez réchauffez de quelque sorte que ce soit, sur la peine que dessus.

VIII.

Que nuls dudit Métier ne pourront porter ou faire porter, ou envoyer dans les Tavernes ou Cabarets, Etuves ou autres lieux, petits Pâtez ou autres Marchandises dudit Métier, si on ne vient les querir ou demander au logis des Maitres, sur la peine que dessus.

IX.

Que les Maîtres dudit Métier ne pourront tenir que deux Apprentifs en un même temps, lesquels seront obligez Pâtissiers & Oublayers, & ce pour le temps de cinq ans finis & accomplis, & non pour moins de temps; & si lesdits Apprentifs s'absentent hors de la maison de leurs Maitres où ils sont obligez par l'espace de trois mois, en ce cas leur Brevet sera cassé & annullé, comme non fait & non avenu: Et deffenses à tous Maitres dudit Métier, tant de cette Ville de Paris, que Faubourgs d'icelle de les prendre & retirer en leurs maisons pour y besogner de leur dit état, ains seront tenus les renvoyer à leursdits Maitres, pour parachever avec eux leur temps de leur apprentissage, & ce à peine de quatre livres parisis d'amande pour la premiere ois, applicable comme dessus: & ne pourront les urez & Maitres dudit Métier; bailler & transporter lesdits Apprentifs à autres, sur la peine que dessus.

X.

Ne pourront lesdits Maitres, tant de ladite Ville de Paris, que Faubourgs d'icelle, envoyer lesdits Apprentifs vendre & débiter par ladite Ville & Fauxbourgs, petits Pâtez, petits Choux, Echaudez, Richolles, Tartelettes, & autre menue marchandise dudit Métier, attendu les inconveniens, fortunes & maladies qui en peuvent avenir; & aussi que c'est la perdition desdits Apprentifs, qui ne peuvent apprendre leur Métier, & au lieu de ce apprennent toute pauvreté, & ne peuvent à la fin de leur temps être ouvriers de leur dit état, qui est une grande charge de conscience ausdits Maitres, & ce sur la peine que dessus.

XI.

Que chaque Apprentif, quand il sera obligé, payera au Roy cinq sols parisis, & ce, auparavant que de les mettre en besogne, sur la peine que dessus.

XII.

Que le Maitre de l'Apprentif sera tenu de le faire sçavoir aux Jurez dudit Métier aussi auparavant que de le mettre à l'ouvrage, & ce, sur la peine que dessus.

XIII.

Que les Oublayeurs crians leurs Oublayes par la Ville & Fauxbourgs de Paris, ne pourront jouer à l'argent au dez, ains seulement aux Oublayes plattes, en portant son métier, & de ne jouer par les rues sur pierre ni établie, ains en maisons bourgeoiſes, pour les inconveniens qui en pourroien avenir, ſur la peine que deſſus.

XIV.

Que nul dudit Métier d'Oublayer ne pourra rachetter ſon Coffin que de pareil métier qu'il jouera, & ce, ſur la peine que deſſus.

XV.

Que les Maîtres Oublayers qui entremettent d'aller faire Gauffres aux Pardons des Egliſes, ne pourront icelles faire qu'ils ne ſoient diſtans l'un de l'autre de deux toiſes & plus, pour éviter aux périls & inconveniens qui en pourroient avenir, & ce, ſur la peine que deſſus.

XVI.

Qu'aucun dudit Métier ne pourra vendre ni exposer en vente, tant grand Pain à chanter Meſſe, que petit Pain à communier, en ladite Ville, Fauxbourgs & Banlieue de Paris, en quelque lieu que ledit pain à chanter ait été fait, ſoit à Paris ou ailleurs, juſqu'à ce qu'il ait été & ſoit vû & viſité par les Jurez dudit Métier, & ce, ſur ladite peine à appliquer comme deſſus.

XVII.

Ne pourront leſdits Maitres dudit Métier ſouſtraire & ſuſciter les chalans les uns des autres, ni porter ou envoyer preſens, ſoit par meſſagers ou autres, pour entreprendre & marchander la beſogne qui leur appartient, & qui ſera offerte par leurſdits chalans. Et où il ſera trouvé qu'ils, ou aucun d'eux ayent ce fait, l'amenderont pour la premiere fois de vingt livres pariſis d'amande, applicable

icable, à ſçavoir, moitié au Roy, moitié auſdits
irez, & pour les autres fois à la diſcretion de la
iſtice.

XVIII.

Que les femmes veuves dudit Métier jouiront
: la Maitriſe d'icelui durant le temps qu'elles
ront & demeureront en viduité tant ſeulement;
toutes fois ne pourront prendre ni tenir aucuns
pprentifs durant ledit temps qu'elles ſeront en
duité, & ce ſur peine de dix-huit deniers pariſis
amende pour la premiere fois, applicable com-
e deſſus. Et néanmoins paracheveront avec leſ-
tes Veuves les Apprentifs qui ſeront obligez à
urſdits maris, le temps de leur apprentiſſage,
ns qu'ils en puiſſent prendre d'autres, comme
it eſt.

XIX.

Qu'il ſoit permis aux Maitres Patiſſiers & Ou-
layers de cette dite Ville & Fauxbourgs de Paris,
e meſurer bled à l'heure accoutumée, parce que
plus beau bled n'eſt pas trop bon pour faire ou-
rage de Pâtiſſerie, & pains à chanter la Meſſe
à communier, où le Corps de Jeſus-Chriſt eſt
elebré.

XX.

Pour la garde dudit Métier, & pour faire viſi-
ation en icelui, & rapporter les fautes qui y ſeront
aites & commiſes, il y aura quatre Jurez qui ſe-
ont élûs par la Communauté dudit Métier, & ſe
hangeront tous les ans de deux nouveaux Jurez,
& ne pourront être Jurez que par l'eſpace de deux
ns pour une fois ſeulement.

XXI.

Ne pourront dorénavant les Maitres Pâtiſſiers

faire ouvrage de Pâtisserie aux Fêtes solemnell commandées de l'Eglise, comme Pâques, Pent côte, Fête-Dieu, Notre-Dame demi-Aoust, jour de Saint Michel, la Toussaints & Noël Notre-Dame de la Chandeleur,& ce sur peine c l'amande applicable comme dessus est dit.

XXII.

A ce que mieux & plus loyaument lesdits Jure puissent faire leur devoir en la maniere ci-dess déclarée, toutes & quantes fois qu'il en sera requ & necsseaire au Mêtier, de faire & élire nouveau Jurez, qui à ce seront élûs par la maniere & ain que dessus est dit.

XXIII.

Ne pourront aucunes personnes, soit homme femmes ou enfans, vendre ni exposer en vente e cette dite Ville & Fauxbourgs de Paris, tant en Ca rême qu'en autre temps, toutes sortes de Bignets & Poisson de friture, attendu que c'est une viand qui n'est bonne ni valable pour mettre au corp humain, qui est contrevenir aux Ordonnances sur peine que dessus.

XXIV.

Qu'il est permis ausdits Maitres Pâtissiers Oublay ers de cette dite Ville & Faubourgs [illegible] Paris, d vendre vin à leur logis, tant à asseoir qu'à pots & détail & à moyen prix, suivant les anciennes cou tumes, & comme ils ont accoutumé de faire pa toutes les Villes de ce Royaume.

XXV.

Ne pourront aucunes personnes vendre en

urs maisons, par la Ville & Fauxbourgs de Paris
ucunes Brioches, ny pain-d'épice, qui est chose
: tout contrevenant aux Ordonnances du Roy,
ême que par la Sentence & Jugement donné le
ngt-sixiéme jour de Juillet 1561, il a été defen-
1 à toutes personnes d'en vendre, comme il
ppert par ledit Jugement, & ce sur peine d'aman-
e arbitraire & de confiscation de ladite Marchan-
se.

XXVI.

Que suivant les Ordonnances dudit Métier de
âtissiers & d'Oublayers, conformes aux Senten-
:s & Jugemens ci-devant donnez en la Cham-
re Politique, confirmez par Arrêt de la Cour
n date du 2 Septembre 1564, défenses son faites
tous Cuisiniers & autres personnes, d'entre-
endre aucunes nôces, banquets, ni en icelles
urnir Pâtisseries, Volàilles, Viandes ou Gibiers,
i faire contre ni au préjudice des étars desdits Pâ-
ssiers, Rotisseurs & Poulaillers ni regratter en
ucune sorte & maniere que ce soit, sur peine
'amande arbitraire, & de tous dépens dommages
interests.

XXVII.

Qu'aucunes personnes ne pourront faire ouvra-
e de Pâtisserie & Oublayrie, tant en cette Vil-
: qu'és Faubourgs de Paris, soit étrangers ou au-
res, de n'user & mettre en œuvre pâte étoffée
'œufs ou de sucre, ni icelle exposer en vente, s'ils
e sont Maitres dudit Métier, & ce à peine de
ix livres parisis d'amande pour la premiere fois,
pplicable comme dessus.

C

XXVIII.

Qu'aucun dudit Métier ne pourra tenir ouvroir si premierement il n'a été expressément reçu par les Maitres & Gardes dudit Métier de Pâtissier & Oublayer, & qu'il n'ait servi les Maitres dudit état

XXIX.

Que tous Maitres de don de Lettres qui ont été ci-devant reçûs audit état de Pâtissier & Oublayer, & fait experience d'icelui état auparavant que d'y avoir été reçûs, seront appellez & mandez à voir faire tous Chef-d'œuvre dudit métier comme les autres Maitres de Chef-d'œuvre entier ; & jouiront leurs veuves & enfans de pareils & semblables Priviléges que jouissent iceux Maitres de Chef-d'œuvre.

XXX.

Que dorénavant il ne sera reçû aucun audit état de Pâtissier & Oublayer, soit par Lettres de don de Roy ou autrement, que premierement il ne fasse Chef-d'œuvre complet, & ait été Aprentif en cette Ville de Paris, par l'espace de cinq ans entiers, comme dit est ci-dessus ; & ce, suivant les Ordonnances faites par ledit Seigneur aux Etats tenus à Orléans, & Lettres de Déclarations depuis obtenues à cette fin par les Communautez, Artisans & gens de Métier de ladite Ville.

XXXI.

Est fait défenses ausdits Maitres Pâtissiers-Oublayers de ne prendre aucuns serviteurs sinon par les mains du Clerc dudit Métier : Et défenses à toutes autres personnes de s'entremettre d'en bailler aucun, si ce n'est par le consentement & manlement dudit Clerc, parce qu'il est chargé de ce aire, pour éviter aux inconveniens qui en pourroient avenir, & ce, sur peine d'amende arbitraire, applicable comme dessus.

XXXII.

Qu'il soit permis ausdits Jurez Pâtissiers & Oublayers, avoir visitation sur les fromages de Brie, œufs & beurre qui seront vendus en cette Ville de Paris & Fauxbourgs d'icelle, & iceux lottir, attendu qu'iceux Pâtissiers y ont interêt, pour ce que journellement ils mettent en œuvre ladite Marchandise, & trouvent que la plûpart d'iceux sont corrompus, & ne sont loyaux & marchands, qui sera un grand bien pour la République.

XXXIII.

Que nuls Serviteurs dudit Métier ne pourront s'absenter de leurs Maitres, s'ils n'ont fait le temps qu'ils s'étoient allouez à leursdits Maitres; & deffenses à tous Maitres de les prendre à leur service, que premierement leursdits Maitres ne soient contens, sur peine d'amande arbitraire.

XXXIV.

Que si aucun Maitre Patissier prend quelque Garçon pour apprendre ledit état pour moindre temps que 5 ans, ne pourra tenir avec lui qu'un apprentif; & néanmoins ne pourra acquerir la franchise dudit Métier, s'il n'a été apprentif par l'espace de cinq ans. Et néanmoins ne pourront lesdits Maîtres les prendre, que préalablement ils n'ayent averti lesdits Jurez, pour en tenir regiître du temps qu'ils les tiendront, & ce, à peine de

huit livres parisis d'amende, applicable comm
dessus.

Desquels anciens Statuts & nouveaux Arti
cles ci-dessus déclarez, lesdits Maitres Jurez &
Communauté dudit Métier de Pâtissier Oublayer
Nous ont tres-humblement supliez & requis leu
vouloir octroyer Letres de confirmation, homo
logation & autorisation pour ce requises & neces
saires : Sçavoir Faisons, que Nous voulant bie
& favorablement traiter lesdits Suppliants, & iceu
non-seulement conserver & garder en leursdit
anciens Statuts & Ordonnances, comme nosdit
prédecesseurs ont fait, mais aussi pour le bien, utilité, commodite & chose publique, Police, augmentation & entretenement dudit Métier, leu
en donner & octroyer d'autres. Et après qu'avon
fait voir par les Gens de nôtre Conseil Privé desdits anciens Statuts & nouveaux Articles cy-dessu
declarez, Avons en continuant & confirmant
iceux anciens Statuts & Ordonnances, lesdits nouveaux Articles louez, gréez, ratifiez confirmez,
homologuez & approuvez, & de notre grace spé-,
ciale pleine puissance & autorité Royale, loüons,
agréons, ratifions, confirmons, & approuvons par
ces Présentes, & iceux nouveaux Articles de nouveau donné & octroyé, donnons & octroyons
ausdits Suplians & communauté dudit Métier de
Pâtissier & Oublayer en notredite Ville de Paris,
& Fauxbourgs d'icelle, pour en jouir & user &
être dorénavant & par cy-après inviolablement
observez & gardez en notredite Ville de Paris

Faubourgs , & partout ailleurs qu'il apartien-
ra & besoin sera , de point en point, selon leur
rme & teneur sans y contrevenir ny innover au-
ne chose au contraire. Si DONNONS en man-
ement par cesdites Présentes à nos amez & féaux
s Gens tenant nôtre Cour de Parlement à Paris ,
révôt dudit lieu , ou son Lieutenant, & à tous
os autres Justiciers & Officiers qu'il apartiendra
ue par nos présens confirmation , homologation,
uthorisation & approbation, ils fassent lire, pu-
lier & enrégistrer , & du contenu esdites Or-
onnances , tant anciennes que modernes, faire
ouffrir & laisser jouir & user lesdits suplians & leurs
ccesseurs audit Métier de Pâtissier & Oublayer ,
n contraignant & faisant contraindre , à ce faire
ouffrir & obéïr,tous ceux qu'il appartiendra,& qui
our ce , feront contraindre par les voyes que de
aison ; Le tout nonobstant opposition ou ap-
ellation quelconques, pour lesquelles ne vou-
ons être differé : CAR tel est notre plaisir, no-
obstant quelconques Priviléges , Statuts , Ar-
êts, Jugemens , Sentences, Mandemens, Defenses & Lettres impetrées & à impettrer au con-
raire : Et afin que ce soit chose ferme & stable à
oujours, Nous avons fait mettre notre Scel à
cesdites présentes. DONNE' à Paris au mois de Juil-
et, l'an de grace mil cinq cens soixante-six, &
de notre Regne le sixieme. Ainsi signé, Par le Roy
e L'AUBESPINE : Et scellé en lacs de soye rouge
& verte, de cire verte.

Registré, oüy le Procureur General du Roy, poür jouir pa les impetrans de l'effet & contenu en icelles, aux charges porté par le Registre de ce jour. A Paris en Parlement le dixiém jour de Février l'an mil cinq cens soixante sept. Signé, D TILLET.

Enregistré en la Chambre du Procureur du Roy au secon Cahier neuf, & ces presens Originaux rendus aux Jurez CONTENTOR. BRISSET.

CHARLES, PAR LA GRACE DE DIEU, Roy d France: Au Prévôt de Paris ou son Lieutenant, Salut. Nos chers & bien amez & les Maitres Jurez, Gardes & Communauté de Pâtissier Oublayer de notre Ville, Faubourgs & Banlieu de Paris, Nous ont fait remontrer, qu'au moi de Juillet dernier ils nous présenterent certain anciens Statuts & nouveaux Articles pour la Police de leur Métier, lesquels nous aurions dèslor fait voir en notre Privé Conseil & décerné no Lettres-Patentes en forme de Chartres, & pa icelles approuvé, homologué & autorisé lesdits Statuts & Articles, & mandé á notre Cour de Parlement & à vous, faire joüir & user les Exposans du contenu en icelles, laquelle notredite Cou auroit vérifié nosdites Lettres dès le douziéme Février dernier, & ordonné que les Exposans joüiront du contenu en icelles, excepté pour le regard du trente-deuxieme Articles, depuis elles vous ont été présentées: & combien qu'elles soient

érifiées en notredit Conſeil, néanmoins vous fai-
:s difficulté de proceder à la publication d'icelles
n votre Siége, pour quelques Articles y contenus,
Nous ſuppliant & requerant que notre bon plaiſir
ût leur pouvoir. Nous, par l'avis de notre Conſeil
ui a vû noſdites Lettres, Arrêts & vérification
ur icelles: Vous mandons & enjoignons par ces
réſentes que vous prendrez pour toutes juſſions
z commandemens, ſans en attendre de nous d'au-
res: Qu'incontinent vous faſſiez lire, publier &
nregiſtrer noſdites Lettres, icelles garder obſer-
er & entretenir de point en point ſelon leur for-
ne & teneur, & tout ainſi que par icelles eſt porté
ans uſer d'autres modifications ou reſtrictions ſur
célles, autres que celle qui eſt portée par leſdits
Arrêts, ainſi du contenu en icelles faire joüir les
Expoſans pleinement & paiſiblement. MAN-
DONS en outre à notre Procureur, de tenir la main
pour l'obſervation deſdits Statuts & Articles, ou
Nous mander les cauſes qui vous meuvent de ne
proceder à la verification d'icelles, & tout ce que
deſſus, faire ſouffrir & obéir, contraignez ou faites
contraindre tous ceux qu'il appartiendra par toutes
voyes dûes & raiſonnables, nonobſtant oppoſi-
ions ou appellations quelconques, & ſans préudice dicelles, pour leſquelles ne voulons être
differé: Car tel eſt notre plaiſir: Nonobſtant
quelconques, Ordonnances, reſtrictions, mandemens, defenſes, & Lettres á ce contraires.
Donné à Saint Germain en Laye le dernier jour
de Juin, l'an de Grace mil cinq cens ſoixante-

ſept, & de notre Regne le ſeptiéme, Signé, Par le Roy en ſon Conſeil, DE LOMENIE.

Extrait des Regiſtres de la Cour de Parlement.

VU par la Cour les Lettres-Patentes du Roy en forme de Chartres, données au mois de Juillet dernier, ſignées, par le Roy, DE LAUBESPINE: Contenant pluſieurs Arrticles concernant le Reglement & Police du Métier de Pâtiſſier & Oublayers de la Ville, Fauxbourgs & Banlieue de Paris, obtenûes & impetrées de la part des Maitres Jurez, Gardes & Communauté de l'Art de Pâtiſſier Oublayer de ladite Ville & Faubourgs: Les Concluſions du Procureur Général du Roy auquel l'Ordonnance d'icelle contre leſdites Lettres ont été communiquées, Et tout conſideré. LADITE COUR a ordonné que leſdites Patentes ſeroient regiſtrées és regiſtres d'icelles, pour jouir par les impetrans de l'effet & contenu en icelles fors & excepté pour le regard du trente-deuxiéme Article d'icelles, conſentant la viſitation des fromages de brie, œufs & beure. FAIT en Parlement le dixiéme jour de Fevrier mil cinq cens ſoixante-ſept. Signé, DU TILLET.

CHARLES, par la grâce de Dieu, Roy de France; Au Prevôt de Paris ou ſon Lieutenant, Salut. Les Maitres Jurez de la Communauté des

:s Pâtiſſiers. Oublayers de la Ville & Faubourgs
: Paris, Nous ont fait remontrer, Que par cy-
:vant ils Nous auroient en notre Conſeil Privé
'éſenté certains Statuts & Articles pour leur Mé-
:r, leſquels nous aurions par nos Lettres-Paten-
s approuvez & homologuez, & mandé à nôtre
our de Parlement de Paris & a vous, faire joüir
s Expoſans du contenu en iceux, ce que notre
te Cour auroit ordonné: Oüi notre Procureur
eneral en icelle; & depuis noſdites Lettres vous
uroient été préſentées, qui ne les auriez voulu ve-
fier: Ce que les Expoſans nous ayant remontré,
(ous vous aurions par autres nos Lettres patentes,
nandé verifier noſdites premieres Lettres, ſuivant
Arrêt de notredite Cour de Parlement, ou nous
nvoyer les cauſes pour leſquelles vous differez la-
ite verification: leſquelles ſecondes Lettres vous
ant préſentées, vous auriez retenuës, ſans icelles
erifier ny rendre aux Expoſans, qui nous auroient
: tout remontré en notredit Conſeil. Et par l'avis
'icelui, vous aurions mandé vérifier leſdites
ettres, ou nous envoyer en notredit Conſeil
ans huitaine les cauſes de votre refus, à peine
'en répondre en vôtre propre & privé nom: A
uoi vous n'auriez obéï, au moyen de quoi, vous
urions de rechef mandé, vérifier noſdites Lettres
iivant ledit Arrêt, à peine de tous dépens,
ommages & interêts des Expoſans: Néanmoins
uelque commandement & juſſions que Nous
ous ayons faites, vous n'avez voulu proceder à la
érification de noſdites Lettres, ainſi vous ou no-

tredit Procureur, avez retenu la plus grande pa de nosdites Lettres sans les vouloir rendre ausdi Exposans, qui Nous ont très-humblement fa supplier & requerir leur pourvoir; Nous par l'av de notre Conseil, qui a vû nosdites Lettres & autres Piéces ci-attachées sous le contre-scel d notre Chancellerie, vous mandons, commetton & enjoignons par ces présentes, que voulons vou servir de toutes jussions, vous proceder à la vérification de nosdites Lettres en forme de Chartre pour les Statuts dudit Métier des Exposans, dan huitaine après la présentation d'icelles, & faite jouir les Exposans du contenu en nosdites Letre suivant l'Arrêt de notredite Cour; Et à faute d ce faire, & ledit tems passé, Mandons au premie de nos amez & feaux Maîtres des Requêtes ordinaires de notre Hôtel, se transporter en votr Auditoire du Châtelet de Paris, & faire lire, publier & enregistrer nosdites Lettres en forme d Chartres, & jouir les Exposans du contenu e icelles suivant ledit Arrêt de notredite Cour d Parlement, nonobstant oppositions ou appellation quelconques, pour lesquelles ne voulons être differé; Car tel est notre plaisir, nonobstant quelconques, Ordonnances, Restrictions, Mandemens & deffenses à ce contraires. Donne' à Pari le douzieme jour de May, l'an de grace mil cinc cens soixante-huit, & de notre regne le huitiéme. Signé, Par le Roy en son Conseil, de La-monere. Et scellé en placart de cire jaune.

Collation des présentes copies a été faite aux Originaux d'i-
les étant en parchemin sains & entiers, par nous Notaires
Roy notre Sire, au Châtelet de Paris, soussignez, le 24
de Juin 1570. Ainsi signé, NUTRAT & BERGEON.

A Tous ceux qui ces présentes Lettres ver-
on Antoine Duprat, Chevalier de l'Or-
e du Roy, Seigneur de Nantouillet, Precy, Ro-
y & Fourmeries, Baron de Thiers, Thoury &
iteaux, Conseiller de Sa Majesté, son Chambel-
ordinaire, & Garde de la Prévôté de Paris,
lut. SÇAVOIR FAISONS, Que sur la Re-
ête à lui présentée par les Maitres Jurez, Gar-
s & Communauté de l'Art de Pâtissier & Ou-
yer en cette Ville de Paris, tendant par icelle
e que les Lettres-Patentes du Roy données à
ois le quatriéme jour de Mars mil cinq cens
xante douze, dernier passé fussent enterinées,
en ce faisant qu'ils puissent jouir de tel effet &
ntenu és Lettres Patentes dudit Seigneur en for-
de Chartres, données á Paris au mois de Juil-
mil cinq cens soixante-six, enregistrées en la
ur de Parlement: Oüi sur ce le Procureur Gé-
ral du Roy, le dixiéme jour de Février mil cinq
ns soixante-sept, après qu'il nous est apparu
sdites Lettres en forme de Chartres ci-dessus
rées, signées, Par le Roy, DE LAUBESPINE.
sa CONTENTOR, BRISSET. Autres Lettres
tentes données à Blois le quatriéme jour de
ars mil cinq cens soixante-douze, Signées,

par le Roy en son Conseil DE SOURIEU, scellées sur double queuë du grand Scel en ci jaune, enregistrées en ladite Cour le 22 jour d Mars audit an: Arrêt sur ce intervenu ledit jou 22 de Mars, signé, DE HENEZ; Et oüi sur c le Procureur du Roy nôtre Sire audit Châtelet De son consentement, Nous ordonnons, en ente rinant lesdites Lettres, que lesdits Maîtres Jure Gardes & Communauté de Pâtissiers & Oublayer en cette Ville & Banlieuë de Paris, joüiront d l'effet & contenu èsdites Lettres du mois de Juil let mil cinq cent soixante-six, suivant l'Arrêt don né ladite Cour, sur ce intervenu: Et en ce faisan avons fait inhibitions & deffenses à toutes personne de leur donner aucun trouble ou empêchemen en l'effet & jouissance desdites Lettres de chartre & Articles contenus en icelles, selon & aux char ges portées & contenuës par les Arrêts de ladite Cour, lesquelles Lettres nous ordonnons être enregistrées au Registre ordinaire du Châtelet d Paris, pour y avoir recours quand il appartiendra & que metier sera. En témoin de ce, Nous avons fait mettre à ces Présentes le Scel de la Prévôté de Paris par Noble homme & sage Maître Pierre Seguier, Conseiller du Roy nôtre Sire, Lieutenant Civil de la Prevôté de Paris, le Mercredy 21 Janvier l'an mil cinq cens soixante-rteize. Ainsi signé, DROUART.

Collation de la présente copie a été faite à son original en parchemin sain & entier, par nous Notaires du Roy notre Sire, au Chastelet de Paris, soussignez, l'an mil cinq cens oixant-treize, le Mardy onziéme jour de Mars. Ainsi signé, LAFRONGNE, *&* THIERIOT.

Colation des copies ci-dessus a été faite & prise sur autres copies colationnées aux originaux par les Notaires dessus nommez, par nous Notaires du Roy notre Sire au Chastelet de Paris, soussignez, l'an mil cinq cens soixante-treize, le Mardy sixieme jour d'Octobre. Ainsi signez, CHARLOT *&* ROSSIGNOL.

LOUIS PAR LA GRACE DE DIEU, Roy de France & de Navarre. A tous présens & à venir. Salut: Nos chers & bien amez les Maitres Jurez & Communauté des Pâtissiers-Oublayers de nôtre bonne Ville & Faubourgs de Paris, Nous ont fait dire & remontrer, que les Rois nos prédecesseurs pour obvier à plusieurs abus, malversations & monopoles qui se commettent audit Métier, leur auroient accordé plusieurs Priviléges qui leur ont été confirmez de Regne en Regne, même par le feu Roy nôtre très-honoré Seigneur & Pere que Dieu absolve, qu'ils auroient fait enregistrer en notre Cour de Parlement à Paris, & par tout où besoin a été, ainsi qu'il appert par Lettres qui leur en furent expédiées, & Arrêts de verification, ci-attachés sous notre contrescel, desquelles, ensemble de la concession à eux accordée par notredit Seigneur & Pere, par ses Lettres

Patentes du mois d'Octobre mil six cens douze; A sçavoir que ceux qui se loüront ausdits Exposans & à leurs successeurs audit Métier, pour les servir en icelui, ne pourront sortir d'avec leurs Maitres qu'après l'an expiré, & que lesdits Exposans pouront faire les ouvrages de Pâtisserie les jours de Nôtre-Dame de la Chandeleur, & qu'ils chomeront & ne pourront sortir & travailler le jour de la Nativité de Nôtre Dame, encore que par lesdits Privileges il ne leur soit permis de travailler ledit jour de la Chandeleur ils ont & duëment joui & joüissent encore de present: Mais craignant d'y être troublez, pour n'avoir eû sur ce nos Lettres de confirmation, ils Nous ont fait très-humblement supplier les leur accorder. SÇAVOIR FAISONS, que Nous inclinant à leur suplication, Avons ausdits Exposans continué & confirmé, continuons & confirmons par ces Présentes lesdits Priviléges & concessions à eux accordés par les Rois nos prédecesseurs, Arrêt & Ordonnances de vérification, & enregistrement d'icelles, pour en jouir par eux & leurs successeurs en la forme & maniere, & tout ainsi qu'ils en ont bien & duëment joüi & usé, joüissent & usent encore de présent. SI DONNONS EN MANDEMENT à nos amez feaux conseillers les Gens tenans notre Cour de Parlement, Prévôt de Paris: son Lieutenant Civil, ou autres nos Officiers qu'il appartiendra que nos présentes Lettres de Confirmation ils ayent à enregistrer, & du contenu en icelles, & de celles de nos pré-

ecesseurs Rois: faire jouir & user lesdits Expo-
ans pleinement & paisiblement, cessant & faisant
esser tous troubles & empêchemens au contraire:
CAR tel est notre plaisir, nonobstant toute Let-
res, Priviléges, Statuts, Ordonnances, Juge-
nens, Arrêts & Sentences à ce contraire, aus-
uels nous avons dérogé & dérogeons par ces
Présentes. Et afin que ce soit chose ferme & stable
toujours, Nous avons fait mettre notre scel à ces
Présentes DONNE' à Paris au mois de May l'an
le grace mil six cens cinquante-trois, & de notre
Regne le dixiéme. Signé, Par le Roy SAULGER

*Registre, oüi le Procureur General du Roy, pour jouir ar les Impetrans de l'effrt y contenu selon leur forme & teneur insi qu'ils ont ci-devant bien & duëment joui & usé, jouissent & usent encore à presens. A Paris en Parlement, le dixieme uin mil six cens cinquante-*trois. Signé, *DU TILLET.*
CONTENT.

A Tous ceux qui ces présentes Lettres verront, Louis Seguier, Chevalier, Baron de Saint Brisson, Seigneur des Ruaux & de Saint Firmin, Conseiller du Roy, Gentilhomme ordinaire de sa Chambre, & Garde de la Prevôté de Paris, Salut. SÇAVOIR FAISONS, que vû la Requête à nous presentée par les Maitres Jurez & Communauté des Pâtissiers-Oublayers de cette Ville & Faubourgs de Paris, narrative qu'ils ont obtenu Lettres du Roy au mois de May dernier, portant confirmation de leurs Priviléges, lesquel.

les Lettres ils auroient présentées à nos Seigneurs de Parlement; & par Arrêt du dix-huitiéme jour de Juin dernier, ladite Cour a ordonné qu'icelles Lettres seront registrées au Greffe d'icelle, pour jouir par lesdits Maitres, Jurez & Communauté de l'effet desdites Lettres selon leur forme & teneur; ainsi qu'ils en ont ci-devant bien & duëment joüi & usé, jouissent & usent encore à présent. Et d'autant qu'ils ont interêt que nul ne prétende cause d'ignorance de leursdits Priviléges, & qu'ils ne les puissent troubler ny empêcher, ils nous auroient requis d'ordonner, que lesdites Lettres; ensemble ledit Arrêt de la Cour être registré au Greffe du Châtelet de Paris pour y avoir recours quand besoin sera. Sur quoi, Nous après avoir vu lesdites Lettres Patentes & autres Piéces attachées sous le contrescel d'icelle, & ledit Arrêt de la Cour, & oui sur ce le Procureur du Roy de cette Cour en ses Conclusions, ORDONNONS, que lesdites Lettres Patentes de Sa Majesté du mois de May dernier, seront registrées au Greffe de cette Cour, pour être icelle, executées selon leur forme & teneur, & jouir par lesdits Oublayers de l'effet & contenu en icelles. En temoin de ce Nous avons fait mettre & apposer le Scel de ladite Prevôté de Paris à cesdites Présentes, qui furent faites & données par Messire Dreux Daubray, Conseiller, du Roy en ses Conseils d'Etat & Privé, & Lieutenant Civil de la Prevôté & Vicomté de Paris, le onziéme jour de Juillet mil six cens cinquante-trois

Au

-dessous est écrit: Collation, avec paraphe: né, DELONGUEIL.

Extrait des Registres de la Cour de Parlement.

VU par la Cour les Lettres-Patentes données à Paris au mois de May dernier, nées, LOUIS, & sur le repli, Par le Roy, ULGER, & scellées sur lacs de soye du grand eau de cire verte, obtenue par les Maitres rez & Communauté des Pâtissiers-Oublâyers la Ville & Faubourgs de Paris, par lesquelles pour les causes y contenues, ledit Seigneur ur auroit continué & confirmé les Privileges & oncessions à eux accordés par les Rois ses pré-ecesseurs, Arrêts & Ordonnances de verifica-on & enregistrement d'icelles, pour en jouir ar eux & leurs successeurs en la forme & ma-iere, & tout ainsi qu'ils en ont bien & duëment oui & usé, jouissent & usent encore de présent, insi que plus au long est porté par lesdites Let-res à la Cour adressantes; Requête présentée ar lesdits Maitres Jurez & Communauté desdits Patissiers-Oublayers le 30 May dernier, afin l'enregistrement desdites Lettres. Vu aussi autres Lettres-Patentes des Rois Charles IX. Henry III. Henry IV. & Louis XIII. portant ratification le leurs autres Ordonnances & Privileges des mois de Juillet mil cinq cens soixante-six, Juin mil cinq cens soixante-sept, May mil cinq cens

foixante-feize, Juin mil cinq cens quatre-ving
quatorze, & Octobre mil six cens douze, ver
fiées en la Cour le dixiéme Février mil cinq cen
foixante-fept, fept feptembre mil cinq cens qua
tre-vingt-dix-huit, & onze May mil six cen
treize, & autres piéces attachées fous le contre
scel. Conclusions du Procureur Général du Ro
Tout consideré : LADITE COUR a ordonn
& ordonne, Que lefdites Lettres feront registrée
au Greffe d'icelle, pour jouir par les Impetrat
de l'effet & contenu en icelles felon leur forme &
teneur, & ainsi qu'ils en ont ci-devant bien
duëment joui & usé, jouifent & ufent encore
présent. Fait en Parlement le dix-huitiéme Jui
mil six cens cinquante-trois. Collation. Signé
DU TILLET.

A Tous ceux qui ces préfentes Lettres ver
ront ; Louis Seguier, Chevalier - Baro
de Saint Brisson, Seigneur des Ruaux & de Sain
Firmin, Confeiller du Roy, Gentilhomme ord
naire de fa Chambre, & Garde de la Prevôté &
Vicomté de Paris, Salut. SÇAVOIR FAISON
Que Vû la Requête à Nous préfentée par les Ma
tres Oublayers de cette Ville de Paris narrativ
qu'ils ont obtenu Lettres du Roy données au mo
de May dernier, portant confirmation de leur
Privileges, Statuts & Ordonnances, avec pouvo
& Permission de fonder une Confrerie en l'hon
neur de Dieu & de Saint Michel-Archange, le

quelles Lettres ils ont présentées à ladite Cour; & par Arrêt du dix-huitiéme Juin dernier, ladite Cour à ordonné que lesdites Lettres seront registrées au Greffe d'icelle, pour jouir par lesdits Oublayers de l'effet & contenu desdites Lettres, selon qu'ils en ont ci-devant joui & jouissent encore à present; Et d'autant qu'ils ont interêt pour être maintenus ésdits Privileges, & afin qu'aucun ne les y puissent troubler ny empêcher, ils Nous auroient requis d'ordonner que lesdites Lettres, ensemble ledit Arrêt de la Cour, être registré au Greffe de cette Cour, pour y avoir recours quand besoin sera. Sur quoi, Nous, après avoir vû lesdites Lettres Patentes & autres piéces attachées sous le contrescel d'icelles, & ledit Arrêt de la Cour, & les Conclusions du Procureur du Roy en cette Cour; Ordonnons que lesdites Lettres-Patentes de Sa Majesté du mois de May dernier, seront registrées au Greffe de cette Cour, pour être icelles éxecutées selon leur forme & teneur & jouir pas lesdits Oublayers de l'effet & contenu en icelles. En temoin de ce, Nous avons fait mettre à ces présentes le Scel de ladite Prévôté de Paris, qui furent faites & données par Messire Dreux Daubray, Seigneur d'Aufremont, Villiers & autres lieux, Conseiller du Roy en ses Conseils d'Etat & Privé, & Lieutenant Civil de la Ville, Prevôté & Vicomté de Paris, le onziéme Juillet 1653. Au dessous est écrit: Collation, avec paraphe, Signé, DE LONGUEIL.

Extrait des Registres de Parlement.

VU par la Cour les Lettres-Patentes d Roy, données à Paris au mois de May m six cens cinquante-trois, signées sur le repli, pa le Roy, SAULGER, & scellées sur lacs de soy du grand Sçeau de cire verte, obtenues, par le Maitres Oublayers de la Ville de Paris, par les quelles & pour les causes y contenues, ledit Se gneur après avoir fait voir en son Conseil les Pr viléges & concessions à eux accordez par le Rois ses prédecesseurs, auroit continué & con firmé, homologué & approuvé lesdits Privilége & concessions; Veut & lui plaît, qu'ils jouissen & leur successeurs du contenu en icelles pleine ment, paisiblement & perpetuellement, tou ainsi qu'ils en ont bien & duëment joui, jouissen & usent encore de présent, même la faculté d pouvoir fermer leurs Boutiques les jours & Fête de l'Ascension de Nôtre Seigneur, de la Con ception & Annonciation de la sainte Vierge comme plus au long est porté par lesdites Lettre à la Cour addressantes: Requête desdits Maitre Oublayers du trentiéme May dernier, afin d'enterinement desdites Lettres. Vu aussi autres lettres de concession & confirmation desdits Priviléges des Rois Philippes, Charles VII. Charles VIII. Charles IX. & Louis XIII. d'heureuse memoire, des mois de Janvier 1321. 9. Octobre 1400. 7. Octobre 1480. 6. Decembre 1562. & Février 1612. & autres Piéces attachées sous le contre-scel de la Chancellerie. Conclusions du Procuır General du Roy ; Tout consideré ; Ladite ›ur a ordonné & ordonne, Que lesdites Lettres ont registrées au Greffe d'icelles, pour jouir r les Impetrans de l'effet & contenu en icelles on leur forme & teneur ; ainsi qu'ils en ont ci-vant bien & duëment joui & usé, jouissent usent encore à présent. Fait en Parlement le x-huitiéme Juin mil six cens cinquante-trois. ı dessous est écrit; Collation. Signé, DU TILLET

Collationné aux cinq Originaux en parchemin, ce fait ›dus par les Notaires & Gardenottes du Roy notre Sire, son Chastelet de Paris, soussignez, l'an mil six cens cin-ante quatre, le dix-huit Septembre. Signé DE SAINT AAST TRONSON.

›ECLARATION DU ROY,

Du 25. May 1691.

our réunir à la Communauté des Patissiers les Offices de urez, créez par l'Edit du mois de Mars 1691

Registée en Parlement le 21. desdits mois & an.

L
OUIS, par la grece de Dieu, Roy de France & de Navarre ; A tous ceux qui ces présen-es Lettres verront, Salut. Les Jurez & Commu-nauté des Maitres Pâtissiers-Oublayers de la Ville Fauxbourgs de Paris, nous ont très-humblement

fait remontrer, qu'ayant par notre Edit du mo
de Mars dernier créé & érigé en titre d'Offic
héreditaires les Gardes des Corps des Marchan
& les Maitres Jurez des Arts & Metiérs, ils o
un notable interêt non-seulement que ces Cha
ges soient éxercées par des personnes de probi
& d'experiences, & que ceux qui en abusero
puissent être dépossedez, mais encore que ce
de leur Communauté qui peuvent s'en bien ac
quitter, puissent y parvenir à leur tour, au lie
qu'ils en seroient exclus, si ceux que nous en au
rions pourvûs n'en pouvoient être dépossede
Par ces considerations & par le desir de nous ma
quer le zele pour notre service, & leur soumissio
à nos volontez, ils nous ont fait offrir de payer a
Receveur de nos Revenus-Casuels la somme c
vingt mil livres, s'il Nous plaisoit unir à leu
Communauté les Offices de Maitres Jurez-Sin
dics nouvellement créez, pour être éxercez pa
ceux qui nous seront par eux présentez autant d
temps qu'ils aviseront entr'eux, en consequenc
des Provisions que nous leur en ferons expedie
& leur laisser pour l'avenir, lorsque le temps d
l'éxercice de ceux que nous aurions pourvus ser
expiré, la faculté de nous présenter de nouveau
Officiers pour prendre de nous la confirmatio
de leur nomination; comme aussi d'accorder
ceux qui prêteront ladite somme de vingt mi
livres ou partie, un privilége & préference su
les droits & émolumens attribuez ausdits Maitre
Jurez par ledit Edit, Nous supliant conforme

nt à la délibération prise en l'assemblée de
ite Communauté, du 30 Avril dernier, de
r permettre de faire payer à l'avenir trente sols
Boutique chacune des quatre Visites qui se-
nt faites tous les ans par les Jurez, dont les deux
s seront pour la bourse de ladite Communauté,
les deux autres tiers pour les Jurez en Charge;
qui viendra à six livres pour les quatre, sans
aucun des Maitres de ladite Communauté se
ssent dispenser du payement dudit droit, sous
elque prétexte que ce soit, à l'exception seule-
ent des anciens Maitres qui auront passé les
arges, lesquels ne payeront que vingt sols
Visite, revenant à quatre livres par an pour
acun ancien Maitre, lesquelles quatre livres
treront dans la bourse: & ordonnons que cha-
e Maitre de Chef-d'œuvre mettra dans ladite
urse la somme de deux cens livres, outre &
r dessus les droits ordinaires & accoutumez;
ue chaque Apprentif payera dix livres pour le
oit d'enregistrement de Brevet, & quarante
s pour les Jurez. Que pour chaque transport
Apprentif il sera mis à la bourse la somme de
uze livres. Que chaque Alloué payera pour
e fois quinze livres, dont il y en aura douze li-
es pour la bourse, & trois livres pour les Jurez.
u'il sera payé à ladite bourse par chacun Juré
imédiatement après son élection la somme de
nt cinquante livres. Que chaque fils de Maitre
nant à la Maitrise, mettra dans la bourse la
mme de vingt livres, outre les droits ordinaires.

Qu'il sera payé douze livres pour le droit d'ouve ture de boutique, & que les Jurez seront tenus c mettre tous les deniers de ladite bourse entre l mains du Receveur de la Communauté de tro mois en trois mois, à peine de dépossession ; l quel Receveur rendra compte desdits denier aussi de trois mois en trois mois, à la Communa té, en sorte que les arrérages des rentes qui sero constituées au profit de ceux qui prêteront leu deniers à l'effet de la réunion desdits Offices, soie exactement payez ; conformément aux Contra qui leur en seront passez, sans que lesdits denie puissent être empruntez ni divertis ailleurs, so quelque prétexte que ce puissent être, ni êt saisis par aucuns autres Créanciers. Et voula favorablement traiter la Communauté desd Maitres Pâtissiers, & lui donner des marqu de notre protection. A CES CAUSES, de l'avis c notre Conseil, qui a vû la déliberation de ladi Communauté du 30. Avril dernier, & de not certaine science, pleine puissance & autori Royale, Nous avons par ces présentes signé de notre main, uni & incorporé, unissons incorporons à la Communauté desdits Maitr Pâtissiers-Oublayers les Officiers de Jurez & Sy dics de leur Communauté, créez par notre Ed du mois de Mars dernier, en payant par eu suivant leurs offres, au Receveur de nos rev nus-Casuels en exercice, la somme de vingt mi le livres, en trois payemens égaux, le premi comptant, le second à la fin du présent mois c

Ma

Iay, & le dernier à la fin de Juin prochain. :e faisant, voulons que lesdits Offices soient éx- ·cez en conséquence des Provisions que nous ·rons expedier à ceux qui seront nommez par dite Communauté, pour tel temps qu'il sera par lle avisé; après l'expiration duquel pourra ladi- : Communauté nous présenter de nouveaux Of- ciers, afin d'obtenir de nous la confirmation de ·ur nomination, & continuer à l'avenir à tou- :s les mutations d'Officiers que voudra faire la- ite Communauté. Et afin de donner à ceux qui ·êteront ladite somme de vingt mille livres, ou artie, la sureté qui nous est demandée: Vou- ns que dans la Quittance de Finance qui sera elivrée à ladite Communauté par le Receveur : nos Revenus Casuels, mention soit faite : ceux qui feront ledit prêt, lesquels outre ypotheque qu'ils auront sur les biens & effets ppartenans à ladite Communauté, auront un ·ivilege sur les deniers qui proviendront des roits & émolumens attribuez par notre dit Edit. ·rdonnons conformément à la déliberation de la- te Communauté du 3. Avril dernier, qu'il se- . payé trente sols par boutique à chacune des uatre Visites qui seront faites tous les ans par s Jurez, dont les deux tiers seront pour la bour- de la Communauté; & l'autre tiers pour les irez en Charge; sans qu'aucuns Maîtres de la- te Communauté se puissent dispenser du pay- ent dudit droit, sous quelque prétexte que ce ſoit, à l'exception ſeulement des anciens Maî-tres qui auront paſſé les Charges, leſquels n payeront que vingt ſols par Viſite, revenant quatre livres par an, leſquelles quatre livres en-treront entierement dans la bourſe: Comme auſ-ſi qu'il ſera mis deux cens livres dans la bourſe d ladite Communauté par chaque Maître de Chef-d'œuvre, outre & par deſſus leſdits droits ordi-naires & accoutûmez; Qu'il ſera payé dix livre à ladite bourſe par chacun Apprentif pour l droit d'enregiſtrement du Brevet d'apprentiſ-ſage, & quarante ſols pour les Jurez : Que pou chaque tranſport d'Apprentif il ſera mis douz livres dans la bourſe : Que chaque Alloüé paye-ra quinze livres, dont il y en aura douze livre pour la bourſe, & trois livres pour les Jurez Qu'il ſera payé par chacun Juré immédiatemen après ſon élection, cent cinquante livres à la bour-ſe; 20. liv. par chaque fils de Maitres venant la Maîtriſe, outre les droits ordinaires, & douz livres pour le droit d'ouverture de boutique. Vou-lons que les Jurez ſeront tenus de remettre tou les derniers de ladite bourſe entre les mains d Receveur de la Communauté, de trois mois e trois mois, à peine de dépoſſeſſion; & que ledi Receveur rendra compte de ces derniers à ladit Communauté, auſſi de trois mois en trois mois Que les arrerages de rentes qui ſeront conſtituée au profit de ceux qui prêteront leurs deniers l'effet de la réünion deſdits Offices à la Commuauté, ſoient exactement payez, conformément ux Contrats qui leur en ſeront paſſez;&que le reſ-ant deſdits derniers ſoit employé à l'acquittement u principal deſdites rentes, ſans qu'ils puiſſent ê-re divertis ailleurs, ſous quelque prétexte que ce oit, ni ſaiſis par aucuns autres créanciers; leſ-quels droits nouveaux & d'augmentation établis ar ces Préſentes, ne ſeront levez & perçûs que uſques à l'actuel rembourſement de ladite ſom-ne de vingt mille livres, tant en principal qu'ar-erages, après lequel il ne ſera payé que les mê-nes droits qui ont été payez ci-devant pour les iſites des Jurez, l'enregiſtrement des Brevets, Receptions & autres ci-deſſus mentionnez, & inſi qu'ils ſeront reglez par les Commiſſaires de ôtre Conſeil, qui ſeront à ce députez en execu-ion de nôtre dit Edit du mois de Mars dernier. I DONNONS EN MANDEMENT à nos amez & féaux Conſeillers les Gens tenans nôtre Cour de Par-ement, que ces Préſentes ils ayent à faire lire, ublier & regiſtrer, & du contenu en icelles fai-e joüir & uſer les Jurez & Communauté des Maîtres Pâtiſſiers-Oublayers de nôtre bonne Vil-e & Fauxbourgs de Paris, ſelon leur forme & te-neur: CAR tel eſt nôtre plaiſir: En temoin de ce, Nous avons fait mettre nôtre Scel à ceſdi-es Préſentes. DONNE' à Verſailles le 15. May 691. & de nôtre Regne le quarante-huitiéme. Signé, LOUIS, Et plus bas, par le Roy, PHE-LYPEAUX. Viſa, BOUCHERART. Et ſcellé.

Registrées, oüi & ce requerant le Procureur General [du] Roy, pour être executees selon leur forme & teneur, & c[o]pie collationnee envoyee au Siege du Chatelet de Paris, po[ur] y etre lûe, publiee & registree. Enjoint au Substitut du Pr[o]cureur General audit Chatelet d'y tenir la main, & d'en ce[r]tifier la Cour dans huitaine, suivant l'Arret de ce jour. [A] Paris en Parlement le 21 May 1691. Signé. DU TILLE[T]

ARREST DU CONSEIL D'ETAT

Du 25 Septembre 1696.

Rendu sur la Requete présentee au Roy par les Jurez, Cor[ps] & Communaute des Maîtres Patissiers- Oublayers à Pari[s] au sujet de la reunion à leur Communaute des Offices d'Au[]diteurs Examinateurs des Comptes d'icelle Communaute creez par Edit du mois de Mars 1694. Il en a et[é] extrait ce qui ensuit

LE Roy en son Conseil a ordonné & ordon[]ne, qu'en payant par la Communauté de[s] Maîtres Pâtissiers à Paris la somme de onze mill[e] six cent livres restant de celle de seize mille li[]vres pour la finance des Offices d'Auditeurs-Exa[]minateurs des Comptes, créez par l'Edit du moi[s] de Mars 1694. & de celle de seize cent livre[s] pour les deux sols pour livre de ladite finance[,] sçavoir moitié comptant, & l'autre moitié faisan[t] l'entier & parfait payement, dans le mois de No[]vembre prochain: lesdits Offices seront & demeu[]reront toûjours réünis & incorporez à ladite Com-

unauté ; sans qu'il soit besoin de prendre aucu-
s Lettres de Provisions, dont Sa Majesté à rele-
& dispensé les supplians. Ce faisant, la Com-
unauté joüira, suivant l'Arrêt du 4. du présent
ois, de trois cent soixante livres de gages ef-
ctifs attribuez ausdits Offices & du droit Royal,
commencer depuis l'Edit du mois de Mars
594, tel qu'il a été établi par celui du mois de
ars 1691. Les Maîtres qui ont prêté & prête-
ont leurs dernies pour la finance desdits Offices
ront hypotheque & privilege specia sur lesdits
ffices, Gages, Droit Roïal y attribuez, & les
terêts desdites sommes leur seront payez à rai-
n du dernier 20. du jour des reçûs qui leur en
ront été donnez par les Jurez. Et pour assûrer
avantage le payement desdits interêts, même
remboursement des sommes principales le
roit de visite sera augmenté de quarante sols par
hacun an, pour chaque Maître. Le droit d'ou-
erture de Boutique augmenté jusqu'à vingt livres
u lieu de douze: Sera payé pour chaque transf-
ort de Brevet, pour chaque Alloüé dix-huit livres
u lieu de quinze & de douze, & ce, huit jours
près la passation desdits Actes, & seront tous les
revets signez au moins de deux Jurez, & enre-
istrez sur le Livre de la Communauté, à peine
e nullité, cinquante livres d'amende contre le
Maître, & de tous les dépens, dommages & in-
erêts de l'Apprentif; & ne pourront lesdits Maîtres garder chez eux un Apprentif plus d'un mois

ſans être obligé. Pour la reception d'un Maître d Chefd'œuvre il ſera payé par l'Aſpirant, au pr fit de la Communauté, trois cent livres, y con pris le Droit-Royal, au lieu de deux cent livr qui ſe payoient ci-devant: & pour la receptic d'un fils de Maître quarante livres y compr auſſi le Droit Royal. Permet Sa Majeſté à la Con munauté de recevoir quatre Maîtres ſans qualit à la charge que chacun deſdits Maîtres paye quatre cent livres au profit, de ladite Communaut Et pareillement de donner à ſix jeunes Maîtr le rang & tous les droits & prérogatives d'Ancien en payant par chacun d'eux la ſomme de tro cent livres. Permet en outre aux Jurez qui ſero élûs à l'avenir, d'éxercer leurs confonctions e vertu des commiſſions qui leur ſeront délivré par le Procureur de Sa Majeſté au Châtelet c Paris, ſans être obligez de prendre des Lettr de Proviſion ou Nomination dont Sa Majeſté l a relevez & diſpenſez: Dérogeant pour cet égar ſeulement à l'Édit du mois de Mars 1691. & à Déclaration du quinziéme jour de May enſuivan Veut que les deniers provenans des nouvell augmentations de droits ſoient pareillement affe tez & hypothequez aux payemens des principau & interêts des ſommes prêtées pour la finance de dits Offices d'Auditeurs-Examinateurs des Comp ptes, qu'ils ſoiens reçûs par les Jurez, qui ſe ront tenus de les remettre entre les mains d Receveur, pour être par lui employez au paye

ent des interêts desdites sommes; Lequel sera
nu de rendre compte de ce qu'il aura reçû &
yé, conformément ausdits Edits & Déclaration
Sa Majesté, en présence du Procureur du
oy du Châtelet. Et après tous les interêts payez,
l reste quelques derniers entre ses mains, ils se-
ont employez au rembousement de quelque par-
e des principaux, sans pouvoir l'être à aucunes au-
es dépenses, sous quelque prétexte que ce soit,
peine par ledit Receveur d'en répondre en son
om; Et seront au surplus les Statuts du Métier,
rrêt & Reglement de Police sur ce intervenus,
xecutez selon leur forme & teneur, sous les
eines portées par iceux; Et pour l'éxécution du
résent Arrêt toutes Lettres nécessaires seront
xpediées. Fait au Conseil d'Etat du Roy, tenu à
Marly le vingt-cinquiéme jour de Septembre
nil six cent quatre-vingt-seize. Collationné. Sig-
é, RANCHIN.

LETTRES-PATENTES,

Données à Verſailles le 28 Juin 1707

Portant réunion de l'Office de Contrôleur-Viſiteur des Poids & Meſures, celui de Greffier des Enregiſtremens de Brevets d'Apprentiſſage, Lettres de Maîtriſes & autres Actes, à la Communauté des Maîtres & Jurez Patiſſiers de la Ville & Fauxbourgs de Paris.

Regiſtrées en Parlement le 2. Decembre 1707.

LOUIS, par la grace de Dieu, Roy de France & de Navarre; A tous ceux qui ces Préſentes Lettres verront, Salut. Charles Noblet, Jean Minet, Jacques Couſin & Joachim Granger, Pierre Barré, Receveur & ancien, & autres Jurez actuellement en Charge, Anciens & Maîtres de la Communauté des Maîtres Pâtiſſiers de nôtre bonne Ville, Fâubourgs & Banliëue de Paris, Nous ont très-humblement fait remontrer, qu'aïant par nôtre Edit du mois de Janvier 1704. créé des Offices de Contrôleurs-Viſiteurs des Poids & Meſures dans les Corps des Marchands, Communautez & Profeſſions d'Arts & Métiers; & par autre notre Edit du mois d'Août de la même année, des Greffiers pour inſinuer & regiſtrer les Brevets d'Apprentiſſage, Lettres de Maîtriſe, les Elections des Syndics & Jurez, & tous autres Actes concernant la police & diſci-

pline

ine des mêmes Corps & Communautez ; ils ont
1 notable interêt que les fonctions desdits Of-
ces, en ce qui concerne leur Communauté,
soient éxercées que par des gens de probité
d'experience dans leur Commerce pour éviter
s procès & autres inconveniens qui pourroient
river, personne n'étant d'ailleurs en état de rem-
ir lesdits fonctions plus dignement & avec plus
exactitude, que les Jurez de ladite Communau-
; joint que si nous voulions bien leur accor-
er quelque moderation de la finance, tant pour
rachat du droit de trois livres, que chacun
eux est tenu de payer annuellement pour la re-
evance des Poids & Mesures, que des Droits
tribuez audit Office de Greffier, conformément
nos Edits de Création, Tarif arrêté en nôtre
onseil le 15. Janvier 1704. & notre Déclara-
on du 10. Février 1705. il est plus juste que les
auvres de leur Communauté en profitent que
es étrangers; pour raison de quoi, attendu que
ar l'Arrêt de notre Conseil du 28. Octobre 1707.
par notre Déclaration du 19. May 1705. Nous
vons réüni ausdits Corps & Communauté lesdites
onctions & droits, lesdits Jurez, Anciens & Maî-
es de ladite Communauté qui n'ont pû jusqu'à
résent profiter de cette grace ne se trouvant pas
n état de payer en entier les sommes que Nous
emandons pour la finance desdits Cffices, Nous
uroient très-humblement fait supplier de Nous
ontenter pour la réünion d'iceux à leur Commuauté, à commencer du premier Janvier 1706.

de la somme de vingt mille livres, & de celle de deux mille livres pour les deux sols pour livre d celle, laquelle proposition & Offre Nous avo voulu accepter, & en conséquence, Nous avo ordonné par l'Arrêt de notre Conseil du 2 Juillet 1706. qu'en payant par eux l'esd. som mes dans certain temps, lesd. Offices demeur roient unis & incorporez à leur Communauté avec les droits y attribuez, & de sept cent cir quante livres de gages actuels & effectifs p chacun an, dont le fonds sera employé dans l états de nos finances de la Géneralité de Pari à commencer dudit jour premier Janvier 170 pour en joüir conformément à leur soûmission d 11. Juin audit an; & pour les mettre en ét d'y satisfaire, qu'il Nous plût leur permettre d'em prunter non-seulement ladite somme de ving mille livres & les deux sols pour livre, mais en core celle de mille livres pour les aider à sup porter les frais qu'il conviendra faire au sujet d l'emprunt & recouvrement desdites sommes; E pareillement, attendu qu'ils ne sont pas assûre de les trouver à emprunter dans le public, leu permettre de les imposer en tout ou partie su les Maîtres & Veuves qui composent ladite Com munauté, même sur ceux & celles qui ont fai signifier leur renonciation à la Maîtrise depui le mois de Mars 1691. suivant l'état de repart tion qui en sera arrêté par le Sr. d'Argenson Maître des Requêtes ordinaires de notre Hôte Lieutenant Géneral de Police de notredite Vil

.. Fauxbourgs, dont il est juste aussi que les in-
êts soient payez à chacun d'eux du jour qu'ils
ront achevé de payer leur cotte-part en entier;
illeurs, jugeant nécessaire de pourvoir à ce que
arrerages des sommes qu'ils emprunteront du
blic, ou qu'ils leveront par répartition, soient
actement payées, & même qu'il puisse y avoir
temps à autre du revenant bon, pour l'em-
oyer à l'extinction du principal; ce qui ne se
ut qu'en imposant quelques droits nouveaux sur
Visites & sur les Receptions, & en prescrivant
s Reglemens qui maintiennent dans une exac-
discipline, & empêchent les abus qui détrui-
nt ordinairement les Communautez les mieux
ablies; ils ont pris entr'eux sous notre bon plai-
une Déliberation, contenant quelques dispo-
ions qu'ils desireroient qu'il Nous plût autori-
r: Et voulant favorablement traiter ladite Com-
unauté des Maîtres Pâtissiers, leur donner des
arques de la satifaction que nous avons de leur
eissance, & leur faire ressentir les effets de notre
otection. A CES CAUSES & autres, à ce Nous mou-
ns, après avoir fait éxaminer en notre Conseil
Déliberation desdits Maîtres Pâtissiers & ledit
rrêt du 27. Juillet 1706. de notre certaine scien-
, pleine puissance & autorité Royale, Nous
ons par ces Présentes signées de notre main,
t statué & ordonné, disons, statuons & ordon-
ons, voulons & Nous plaît, qu'en payant par
s Jurez, Anciens & Maîtres de ladite Com-
unauté à Me Elie Biest & Nicolas Cartier, char-

gez du recouvrement de la finance qui doit pr
venir de l'éxecution de nos Edits desdits m
de Janvier & Août 1704, la somme de vin
mille livres & celle de deux mille livres pour
deux sols pour livre dans les termes portez p
ledit Arrêt de notre Conseil dudit jour vingt-se
Juillet 1706. attaché sous notre contrescel ; sç
voir le principal sur les recepissez desd. Bieft
Cartier leurs Procureurs ou Commis, porta
promesse de fournir la Quittance du Trésori
de nos Revenus-Casuels, les deux sols pour liv
d'icelle sur leur simple quittance, l'Office
Contrôleurs Visiteur des Poids & Mesures, ce
de Greffier des Enregistrements des Brevets d'A
prentissage, Lettres de Maîtrises & autres Act
en ce qui concerne ladite Communauté, ense
ble les fonctions & droits y attribuez, deme
reront réünis & appartiendront à ladite Comm
nauté, conformément à la soûmission dudit jo
onze Juin 1706. aux gages actuels & effectifs p
chacun an, de sept cent cinquante livres, do
le fonds sera employé dans les états de nos F
nances deladite Géneralité, à commencer du pr
mier Janvier audit, an, pour en joüir suivant l
dite soûmission. Permettons à ladite Communa
té, pour faciliter le payement desdites somme
d'en emprunter les deniers en tout ou en parti
comme aussi celle de mille livres pour les aide
à supporter les frais nécessaires au sujet de l'en
prunt & recouvrement desdites sommes. Voulon
que ceux qui les prêteront ayent hypothequ

ur tous les biens & effets de la dite Communauté, & spécialement sur lesdits droits & gages qui demeureront affectez & hypothequez. permettons en outre ausdits Jurez d'imposer, si besoin est, lesdites sommes en tout ou partie sur les Maîtres & Veuves de ladite Communauté, même sur ceux & celles qui ont fait signifier leur renonciation à la Maîtrise depuis le mois de Mars 1691. & à cet effet, de faire un Etat repartition de ce que chacun d'eux devra fournir, lequel Etat sera arrêté par ledit Sieur d'Argenson, & les dénommez en icelui contraints comme pour nos propre deniers & Affaires, à conditions que lesdits Maîtres & Veuves seront payez des interêts desdites sommes par ladite Communauté sur le pied du denier vingt, lesquels néanmoins ne commenceront à courir à l'égard de chacun d'eux que du jour qu'ils auront achevé de payer leur cotte-part en entier, & ils seront payez desdits interêts jusqu'à leur actuel remboursement ; à la charge que lesdits Jurez rendront compte toutes fois & quantes desdites sommes, ainsi qu'il est accoûtumé : Et pour donner moyen à lad. Communauté de payer non-seulement lesdits arrerages annuellement, mais encore d'acquitter de tems à autre quelque chose sur le principal, en sorte qu'elle soit liberée le plus promptement qu'il sera possible, comme aussi pour maintenir la discipline qui doit être entreux, & empêcher les entreprises qui se font sur leur Profession ; Nous avons par ces mêmes présentes dit, statué & ordonné, disons, statuons &

ordonnons, voulons & Nous plaît ce qui suit.

ARTICLE PREMIER.

Il sera payé par chacun Aspirant à la Maîtri par Chef-d'œuvre, au lieu de la somme de tre cent livres portée par l'Arrêt de notre Conseil d 25. Septembre 1696. celle de quatre cent vres; & par chacun fils de Maître, au lieu d quarante livres suivant ledit arrêt; celle de cin quante livres, lesquelles sommes seront en en tier au profit de ladite Communauté. Voulon que lors desdites Receptions; les Jurez soient te nus de mander les Anciens en la maniere, ordina re à chacundesquels il ne sera payé par l'Aspirant la Maîtrise par Chef-œuvre, que quarante sol & deux Jettons de douze sols chacun; & à ch cundes six Modernes & six Jeunes qu'ils manderon suivant l'ordre du Tableau, viugt sols seulemen & à chacun des quatre Jurez & au Meneur, si livres, & quatre Jettons de pareille valeur: Et l'égard des fils de Maîtres, il sera payé à chacu desdits Jurez, demi-droit de ce qui se paye pa chacun Aspirant à la Maîtrise par Chef-d'œuvre & à chacun des Anciens, un Jetton seulement sans qu'il soit besoin de mander aucun Modern ni Jeune. Deffendons aux uns & autres de per cevoir plus grands droits, à peine de concussion

II.

Il sera payé pour chaque Brevet d'Appren tissage, au lieu de la somme de douze livres qu se payoit suivant notre Déclaration du 15. May 1691. celle de quinze livres, dont quarante sols

ı profit desdits Jurez, conformément à ladite
·éclaration ; & pour chaque transport de Brevet,
ı lieu de dix-huit livres, il sera payé la som-
e de vingt livres, dont il y aura trois livres pour
sdits Jurez, ainsi qu'il est accoutumé ; & seront
sdits Maîtres de ladite Communauté tenus de
ire enregistrer sur le Registre dudit Bureau les
revets & Transports de leurs Apprentifs au plus
rd un mois après la passation d'iceux par de-
nt le Notaire de la Communauté, à peine de
ixante livres au profit de ladite Communauté ;
quelle somme sera emploïée à acquiter partie
s principaux des rentes par elle dûës ; à l'effet
quoi seront aussi tenus les Jurez de se trouver
ıdit Bureau tous les premiers Vendredys de cha-
ıe mois, depuis deux heures après midi, jus-
ı'à six heures du soir, à peine de quarante sols
ır chaque absence, s'il est ainsi ordonné.

III.

Les enfans nez avant la Maîtrise de leurs pe-
s, ne seront tenus de payer pour leur Receptione
n à la Maîtrise, que les trois quarts de ce
e ce qu'il en coûte aux Aspirans par Chef-dœu-
re.

IV.

Il sera payé pour chaque ouverture de Bouti-
ue, au lieu de vingt livres portées par ledit Ar-
êt dudit jour 25. Septembre 1696. celle de trente
vres, dont il appartiendra trois livres ausdits Ju-
z ; Leur deffendons pareillement de percevoir
e plus grands droits, à peine de concussion.

V.

Les Anciens seront mandez pour l'électio des Jurez en la maniere accoûtumée, ensem ble douze Modernes & douze Jeunes, & il n sera distribué par chacun des deux Jurez élûs, qu quatre Jettons de douze sols piéce à chacun d Anciens, & un Jetton seulement à chacun de dits Modernes & Jeunes ; Leur deffendons au de percevoir plus gros droits, sous prétext de repas ni autrement, à peine de concussion.

VI.

Deffendons à tous Maîtres & Veuves de lad te Communauté de prêter leurs noms à aucun Compagnons, à peine de pareille somme de soi xante livres, applicable comme dessus, pour l premiere fois, & d'interdiction de leur Maîtri se en cas de récidive, & à tous particuliers d'en treprendre sur la Profession des Maîtres de la dite Communauté, à peine de trois cent livre d'amende envers le Roy, cent livres au prof de ladite Communauté, & cent livres au dénon ciateur, & confiscation de la marchandise & u stenciles servans à ladite Profession.

VII.

Permettons aux Jurez de ladite Communaut de recevoir deux Maîtres sans qualité par chacu an, en payant chacun la somme de six cens li vres, outre les droits desdits Jurez, Anciens Modernes & Jeunes & ce seulement jusqu'à ce que ladite Communauté soit acquitée des dette par elle contractées en exécution de nosdits Edits

après

·ès le rembourſement deſquelles dettes, voulons
il ne ſoit payé d'autres droits que ceux par
·us établis avant notre Edit du mois de Mars
91, ni reçu aucun Maître ſans qualité, pour
·lque cauſe & occaſion que ce ſoit.

VIII.

Voulons que conformément aux Reglemens
; Arts & Métiers, il ſoit loiſible à tous Maîtres
ladite Communauté de s'établir dans quelques
les, bourgs & lieux que bon leur ſemblera de
·re Royaume, pour y exercer librement leur
ofeſſion; & notamment dans les Villes de
·on, Roüen, Caën, Bordeaux, Tours & Or-
nsen juſtifiant par leſdits Maîtres de leur recep-
n à la Maîtriſe dans notredite Ville de Paris.

IX.

Et d'autant qu'il eſt du bien public que la Poli-
de notre bonne Ville de Paris & des Faux-
urgs ſoit uniforme & obſervée également, per-
·ttons aux Jurez de ladite Communauté de fai-
leurs viſites dans les maiſons des Pâtiſſiers du
uxbourgs S. Antoine, dans le Temple, dans
baye de Germain de Prez, dans l'Enclos de S.
an de Latran de S. Denis de la Chartre, dans les
lleges, ruë de l'Ourſine & autres ruës adjacen-
, & autres lieux privilegiez ou prétendus tels de
tredite Ville & Fauxbourgs comme auſſi dans
; maiſons de ceux qui éxercent ladite Profeſ-
n à titre de Privilege du Prévôt de notre Hô-
l ou autrement, en vertu de permiſſion du Lieu-
nant Géneral de Police; & en cas qu'ils y trou-

vent des contraventions aux Reglemens de Pce, ils se pourvoiront pardevant ledit Lieuten Géneral de Police, en quelques lieux qu'el ayent été faites; sans néanmoins que lesdits rez puissent prétendre aucuns droits de visite d dits Pâtissiers, à titre de Privilege, ni de ce qui éxercent ladite Profession dans les lieux vilegiez, à moins qu'ils ne soient aussi Maît de ladite Communauté.

ARTICLE X. ET DERNIER.

Voulons au surplus, que les Statuts, Artic & Ordonnances de ladite Communauté, ense ble les Déclarations, Arrêts & Reglemens re dus en conséquence en faveur d'icelle soient écutez selon leur forme & teneur. SI DONNO EN MANDEMENT à nos amez & féaux Co seillers les Gens tenans nôtre Cour de Par ment, que ces Présentes ils fassent lire, publ & registrer, & du contenu en icelles, faire jo & user les Jurez actuellement en Charge, A ciens & Maîtres de la Communauté des Maît Pâtissiers de nôtre bonne Ville, Faubourgs Banlieuë de Paris, selon leur forme & teneu CAR tel est nôtre plaisir. En témoin de quo Nous avons fait mettre notre Scel à cesdites P sentes. DONNE' à Versailles le vingt-huitiér jour de Juin l'an de grace, mil sept cent sept ; de notre Regne, le soixante-cinquiéme. Sign LOUIS: Et plus bas, par le Roy, PHELYPEAU Vû au Conseil, CHAMILLART.

Regiſtrées, oüi, & ce requerant le Procureur Général du ?, pour jouir par ladite Communauté de leur effet & con- u, & être executées ſelon leur forme & teneur, ſuivant aux charges portees par l'Arrêt de ce jour. A Paris, en rlement, le 2. Decembre 1707. Signé DU TILLET.

ENTENCE DE POLICE.

ortant Reglement entre les Officiers Courtiers-Viſiteurs, les Chaircuitiers; & qui permet aux Patiſſiers de ſaler du Lard.

Du quatorze Juin 1697.

A Tous ceux qui ces Préſentes Lettres verront, Charles-Denis de Bullion, Chevalier, Con- ;iller du Roy en ſes Conſeils, Prevôt de Paris, alut. Sçavoir faiſons; que ſur la Requête faite n Jugement devant Nous en la Chambre de olice du Châtelet de Paris, par M. Jean Bap- ſte Bonnin, Procureur des Officiers-Courtiers- 'iſiteurs des Chairs de Porcs, Lards & Graiſſes ui ſe débitent en la Ville & Fauxbourgs de Pa- is Demandeurs en Requête à Nous préſentée e 6. May dernier, & aux fins de l'Exploit fait n vertu de l'Ordonnance étant au bas d'icelle, ar Prevoſt, Huiſſier, le 8. dudit mois de May, réſentée le 15. ladite Requête tendant à ce que leffenſes fuſſent faites aux Jurez de la Com- nunauté des Maîtres Chaircitiers d'empêcher outes ſortes de perſonnes ſans diſtinction, ſoit

Pâtiſſiers, Cuiſiniers, Rotiſſeurs & autres, d'a-
cheter aux Halles de cette Ville, les Mercred
& Samedis, les Chairs de Porcs, Lards & Grai
ſes dont ils auront beſoin; à la charge qu'ils n'e
feront aucun débit qui puiſſe donner atteinte r
prejudicier aux Statuts & Privileges deſd. Chai-
cuitiers, leſquels au ſurplus ſeront tenus de fou-
nir les quarante places de Halles, ainſi qu'il e
porté par les Reglemens, & les condamner au
dépens; Et encore leſdits Officiers Viſiteurs, De
fendeurs à la Requête-verbale d'intervention de
Jurez Pâtiſſiers du 9 dudit mois de May, pa
laquelle ils auroient demandé d'être reçûs op-
poſans aux Sentences contr'eux ſurpriſes par le
Jurez Chaircuitiers; au principal que deffenſe
ſeront faites aux Jurez Chaircuitiers de faire au
cune viſite en leurs boutiques des Lards qu'il
ons pour leur proviſion & uſage, le tout ave
dépens, contre M. Hubert, Procureur des Jurez de la Communauté des Maîtres Chaircuitier
à Paris, Deffendeurs; Et encore contre M. Ro-
ger Procureur des Jurez de la Communauté de
Maîtres Pâtiſſiers, intervenans; Parties oüies e
leurs Plaidoyez & Remontrances; & aprés qu-
ſur leurs doſſiers produits il a été déliberé. Nous
ayant égard à la demande deſdits Officiers-Viſi
teurs contre les Chaircuitiers: DISONS que le
Arrê s & Reglemens de Police ſeront éxecutez,
conformément à iceux leſdits Chaircuitiers tenus de fournir les quarante Places de la Halle,
ainſi qu'ils y ſont obligez: Et en ce qui regarde

demande & intervention des Jurez Patissiers,
ntre lesdits Chaircuitiers, Avons les Sentences
Police du 26. Avril dernier renduës contre le
ommé Claude Guerin, la veuve Jean le Comte
Jean Blanchard, Pâtissiers, déclarées icelles dé-
arons communes avec lesdits Jurez Pâtissiers;
conformément à icelles faisons deffenses aux
âtissiers d'étaler ni vendre aucuns Jambons &
ards en leurs Boutiques; & néanmoins ayant
ucunement égard à l'opposition formée par les-
its Jurez Pâtissiers, avons permis ausdits Pâtis-
ers d'acheter du Lard frais à la Halle en la
naniere accoûtumée, pour le saler & assaisonner à
ur maniere, & l'employer aux piéces de Pâ-
sserie, & à la nécessité de leur Métier seulement,
ous dépens compensez; ce qui sera éxecuté
ans préjudice de l'appel. En témoin de ce, Nous
vons fait sceller ces Présentes, faites & données
ar Messire Marc-René de Voyer d'Argenson,
Conseiller du Roy en ses Conseils, Lieutenant
Géneral de Police, tenant le Siége le Vendredy quatorze Juin mil six cent quatre-vingt-dix-
sept. Collationné. Signé, LE MEE, avec paraphe. Et à côté est écrit: Déliberé, BONIN. CHAIL-
LOU, Greffier. Et contrôlé, avec paraphe.

SENTENCE DE MONSIEUR L[E] LIEUTENANT CIVIL.

Qui fait deffenses aux Compagnons & Apprentifs Patissie[rs] de la Ville & Faubourgs de Paris, de porter & cri[er] des Oublies par ladite Ville & Fauxbourgs, s'ils ne sont d[e]meurans & residans chez leurs, Maîtres & avouez d'eu[x] ou permission des Jurez, pour quelque cause légitime : Le[t] fait pareillement deffenses de débaucher aucuns Serviten[t] ou Apprentif de chez lesdits Maîtres, le tout à peine [de] prison & de punition exemplaire.

Rendue le vingt-quatre Septembre 1618.

A Tous ceux qui ces présentes Lettres verron[t], Loüis Seguier, Chevalier Baron de Sai[nt] Brisson, Seigneur de Ruaux & de Saint-Firmin Conseiller du Roy, Gentilhomme ordinaire d[e] sa Chambre & garde de la Prévôté de Paris, Sa lut. SÇAVOIR FAISONS, Que vû la Requête nous présentée & baillée par écrit par Olivie[r] de la Porte, Jean Generard, Isaac Soupirs, & Charles de Saint-Gion, Maîtres, Jurez & Gar des dud. Métier de Pâtissiers-Oublayer en cett[e] Ville de Paris : Disans que plainte leur a été cide vant faite par la plus grande & saine partie des Ma[î] tres dud. Métier du desordre, mauvais service & débauches que font journellement les Compagno[ns] & Apprentifs de cette Ville & Fauxbourgs, don[t] ils reçoivent grande incommodité, n'étant ser vis Comme ils sont tenus de ce faire, d'autan[t]

ı'on leur permet de porter & crier des Oublies;
nt par la ville & Faubourgs, & par ce moyen,
ıittent & abandonnent leurs Maitres, ſe debau-
ıant ordinairement de leurs Boutiques pour ſe
tirer en des chambres & y vivre en leur liberté,
llement que les Maitres ſont le plus ſouvent ſans
rviteurs & Compagnons; leſquels Compagnons
nts des Oublies en des Chambres où ils ſont,
our les porter & crier au temps qu'il eſt permis
ıſdits Maitres icelles faire porter; qui eſt depuis
jour de S. Remy, juſqu'au jour de Carême-pre-
ant, commençant à ſept-heures & demie, &
chevant à neuf heures du ſoir; pendant lequel
ms & ſous couleurs d'être Compagnons ne ſe
ontentent pas d'être débauchez, mais débau-
hent encore les apprentifs des Maitres, les ti-
ant avec eux aux Academies qu'ils tiennent nui-
ammant aux jeux de dez & de cartes, qui eſt
ſujet que les Compagnos joüent leur argent
u'ils peuvent avoir gagné, on celui de leur
Aaître: Et après que le temps de crier Oublies
ſt paſſé, leſdits Compagnons quittent Paris &
ſd. Maîtres, pour s'en aller travailler aux Fêtes,
oires & Villages circonvoiſins; partant leſd.
Aaîtres en reçoivent grande incommodité, ne
ouvant ſervir le Public faute de Compagnons:
Requerant qu'il Nous plût ordonner deffenſes
tre faites auſd. Compagnons & Apprentifs de
ette Ville & fauxbourgs, s'ils ne ſont demeu-
ans & réſidans aux logis deſdits Maîtres &
voüez d'eux, ou permiſſion des Jurez pour quel-

que cause legitime ; & iceux trouvez jouans portans Oublies, n'étant point avouez ni garn de permission desdits Jurez, ni demeurans Logis d'un Maitre, les faire emprisonner les tr vant jouans ; & enjoint aux Compagnons qui s ront hors du logis de leurs Maitres, après heures, ou plutôt, de s'adresser pardevers lesdi Jurez, lesquels Jurez bailleront un Billet aud Compagnons, pour porter icelui au Clerc dud Métier, en rapportant certificat du Maitre dud Compagnon comme il aura achevé le temps qu se sera loué audit Maitre ; & à faute que led Compagnon n'aura achevé ledit temps, payer la dépense par lui faite au logis dudit Maitr pendant ledit service ; & à faute que les Com pagnons ne voulussent prendre le Maitre, qu ledit Clerc leur présentera, dans trois jours, le trouvant vagant par la ville, seront tenu de sortir & vuider ladite Ville & Faubourgs, les emprisonner : Comme aussi le Clerc dudi Métier sera tenu faire ses diligences pendant le dit tems, à peine de démission de sa Charge & d'amende ; avec deffenses aussi à tous les Maître & Compagnons ne tenans boutiques, de débau cher aucun Serviteur ni Apprentif qui seront che lesdits Maîtres ni les retirer, ni embaucher, peine de punition éxemplaire & d'amende, & def-fenses à tous Compagnons de travailler à jour née, s'ils ne sont Maîtres, mariez & en cham bre, & non autrement, à peine de priso & d'amende ; & que le présent Reglemen

qui

qui sera par Nous fait, soit lû & publié à son de trompe & cri public ès lieux accoutûmez, à ce que lesdits Maîtres & Compagnons n'en prétendent cause d'ignorance Nous, faisant droit sur laquelle Requête, oüi sur ce le Procureur du Roy en ses Conclusions, avons fait & faisons deffenses ausdits Compagnons & Apprentifs de cette Ville & Fauxbourgs, de ne porter & crier aucunes Oublies par ladite Ville & Fauxbourgs, s'ils ne sont demeurans & résidans aux logis desdits Maîtres & avoüez d'eux, ou permission des Jurez pour quelque cause légitime; & iceux trouvez joüans & portans Oublies, n'étant point avoüez ni garnis de permission desdits Jurez, ni demeurans au logis d'un Maître, les faire emprisonner les trouvant joüans; & enjoint aux Compagnons qui seront hors du logis de leurs Maîtres, après vingt-quatre heures, ou plûtôt, de s'adresser par devers lesdits Jurez lesquels Jurez bailleront un Billet audit Compagnon, pour porter icelui au Clerc dudit Métier, en rapportant Certificat dudit Maitre dudit Compagnon, comme il aura achevé le temps qu'il se sera loüé audit Maître; & à faute que ledit Compagnon n'aura parachevé ledit temps, payera la dépense par lui faite au logis dudit Maître pendant ledit service; Et à faute que lesdits Compagnons ne voulussent prendre le Maître que ledit Clerc leur présentera, dans trois jours, les trouvant vagans par la Ville, seront tenus de sortir & vuider ladite Ville & Fauxbourgs, & les emprisonner; comme auſſi le Clerc dudit Métier ſera tenu fair ſes diligence pendant led. tems à peine de démiſſion de ſa Charge & d'amende : avec deffenſes auſſi à tous les Maîtres & Compagnons ne tenans boutiques, de débaucher aucun Serviteurs ny Apprentifs qui ſeront chez des Maîtres, ni les retirer, ni embaucher, à peine de punition éxemplaire & d'amende : Et deffenſes à tous Compagnons de travailler à journée, s'ils ne ſont Maîtres, mariez & en chambre, & non autrement, à peine de priſon & d'amende. Et ſera le préſent Jugement lû publié à ſon de trompe & cri public ès lieux accoûtumez, à ce que leſdits Maîtres & Compagnons n'en prétendent cauſe dignorance : En témoin de ce, Nous avons fait mettre à ces Préſentes le Scel de la Prévôté de Paris. Ce fut fait par Meſſire Henry des Meſmes, Seignour d'Yrval, Conſeiller du Roy en ſes Conſeils d'Etat & privé, Prevôt des Marchands, & Lieutenant Civil de la Ville, Prévôté & Vicomté de Paris, le Lundy vingt-quatriéme jour de Septembre mil ſix cent dix-huit. Collationné. Signé, DROUART.

La préſente Sentence a été publiée & ſignifiée le Samey vingt-neuviéme jour dudit mois de Septembre 1618.

SENTENCE DE MONSIEUR LE LIEUTENANT DE POLICE.

Qui condamne Philippe Thevenin, Maistre Patissier à Paris, de sortir de la Maison où il est demeurant, lui, sa famille & biens, au terme de la Saint Jean prochain. & le condamne aux dépens.

du trente-un May 1701.

A Tous ceux qui ces Présentes Lettres verront, Charles-Denis de Bullion, Marquis e Gallardon, Conseiller du Roy en ses Coneils, Garde de la Prévôté de Paris, Salut. SÇAOIR FAISONS, que sur la Requête faite en Jugeent devant Nous en Chambre de Police du hâtelet de Paris, par M. Antoine Pigeon, Proeur de Loüis Pernet, Maître Pâtissier à Paris, Juré de présent en charge de sa Communau, Demandeur suivant la plainte par lui renduë Commissaire Gazon le 9 May present mois, Exploit fait en conséquence de son Ordonnane le 14. dudit mois, par Boudereau Huissier en ette Cour, contrôlé à Paris, le 15. par Caurier, résenté le 20. à ce que le Deffendeur soit teü de répondre au contenu de ladite plainte, encore Demandeur suivant la Requête-verbae signifiée par Cartaut, Huissier-Audiencier en ette Cour, le 20. dudit mois, tendante à ce ue le ci-après nommé soit tenu de vuider de la aison, lui & sa famille, qu'il a loüée contre ledit Pernet, faire abatre son four, & deffens d'attirer les pratiques dudit Pernet, & pour l'avoir fait, condamné en l'amende, dommages intêrets & depens Et le Deffendeur, Demandeur suivant lesdit. deffenses signifiées le 23. dud. mois à ce qu'il soit déchargé de ladite demande, avec dépens; ledit Pernet assisté de M. Pillon son Avocat. Et encore ledit Pigeon, Procureur de Michel Pigeon, Gratien Charton, & Pierre Huart Jurez en charge; & Pierre Barré, Claude Georgemay, Jean Boudet, Nicolas Fremont, Charles Marie, Pierre Dubourg, Jacques Berthonnet, Martin Pol, Pierre Boudin, André Nicole, Jacques Demeaux, Michel Chantreau, Claude Vignon, Pierre Jolly, Jean Sollot, Charles Devoulges, Henry Jullien, André Philbert Vidron, Claude Thierry, & Pierre Riquet Maitres, anciens, modernes & jeunes Maitres Pâtissiers à Paris, Demandeurs suivant leur Requête Verbale d'intervention, signifiée à leur requête par Marescot, Huissier-Audiencier en cette Cour, le 30. dudit mois de May, tendante à ce qu'il soit tenu de vuider de ladite maison, & aller faire sa demeure en un autre quartier, avec dépens, assisté aussi de M. Quillet leur Avocat, contre M. Lheritier le jeune, Procureur de Philippes Thevenin, Maitre Pâtissier à Paris, Deffendeur à ladite plainte, Exploit & Requête susdattés, & Demandeur suivant lesdites deffenses, assisté de M. Porchon son Avocat Parties oüies, lecture faite desdites Piéces, Sta

: & Reglemens de ladite Communauté, de nos
ntences & Arrêts rendus en pareils cas, & au-
s Piéces : Nous, faisant droit sur les de-
andes des Parties de Pillon & Quillet pour
Intervenans, sans s'arrêter à la deman-
incidente de la Partie de Porchon, dont elle
e est déboutée, & faisant droit sur la demande
dit Pernet, interventions des Jurez & Anciens,
ndamnons la Partie de Porchon de sortir de la
aison où il est demeurant, lui, sa famille &
ens au terme de la saint Jean prochain, led.
ievenin condamné aux dépens envers les Par-
es de Pillon & Quillet, pour tous dommages
interêts, que Nous avons liquidez à huit li-
es; ce qui sera éxécuté sans préjudice de l'ap-
el. En témoin de ce, Nous avons fait sceller
s présentes, qui furent faites & données par
Messire Marc-René de Voyer de Paulmy d'Ar-
enson, Chevalier, Conseiller du Roy, Lieute-
ant Géneral de Police, tenant le Siége le Mar-
y trente-uniéme May mil sept cent un Colla-
onné. signé TARDIVEAU. Scellé le 4. Juin
701. Signé, TARDIVEAU.

*Signifié & baillé copie a Maitre Lheritier, le Jeune, a
micile, le 4. Juin 1701. Signé*, DE PRIME.

ARREST DE LA COUR DE PARLEMEN

Du treiziéme Juillet 1701.

Qui confirme le Sentence rendue par M. le Lieuten General de Police, le 31. May 1701. en faveur Louis Pernet, Maitre Patissier a Paris & l'un des rez en Charge, contre Philippes Thevenin, aussi Ma Patissier a Paris.

Extrait des Registres de Parlement.

ENtre Philippes Thevenin, Maitre Pât sier à Paris, Appellant de la Sentence re duë par le Lieutenant de Police au Châte de Paris, le 31. May 1701. d'une part; & Lo Pernet, aussi Maitre Pâtissier à Paris, actu lement l'un des Jurez en charge, Intimé, d'aut part; & Michel Pigeon, Gratien Charton Pierre Huart, aussi Maitres Pâtissiers à Paris & actuellement Jurez en charge; Pierre Ba ré Jean Boudet, Claude Georgemay, Nicol Fremont, Charles Marie, Pierre Dubourg Jacques Berthonnet, Martin Pol, Charl Devoulges, Claude Thierry, Pierre And Nicolle, Henry, Jullien, Claude Vignon Jean Sollot, Pierre Jolly, Jean Cornette & co sorts, aussi Maitres Pâtissiers à Paris, Demar deurs en Requête du 11. Juin 1701 à ce qu'i fussent reçus Parties intervenantes, & à ce qu faisant droit sur leur intervention, Acte leur fû donné de ce qu'ils adhéroient aux conclusion dudit Pernet; & en conséquence qu'il plût à l Cour, sur l'appel de ladite Sentence du Lieute ant de Police, interjetté par ledit Thevenin ; mettre l'appellation au néant, ordonner que la-te Sentence du 3 May dernier seroit éxe-utée, & que ledit Thevenin seroit condamné n l'amende & aux dépens, d'une part ; & lesd. Thevenin & Pernet, Défendeurs d'autre, après ne de Lombreüil, Avocat de Thevenin, de La-arre, Avocat de Pernet & Gillet, Avocat de Pi-eon & Consorts ont été oüi : LA COUR a reçû reçoit les Parties de Gillet, Parties interve-antes, y faisant droit, ensemble sur l'appel, mis & met l'appellation au néant ; ordonne que dont a été appellé sortira effet : condamne Appellant en l'amande de douze livres & aux épens. Et néanmoins ne sera tenuë la Partie e Lombreüil de sortir de la maison en question. 'à la Saint Remy prochain. Fait en Parlement treiziéme Juillet mil sept cent un. Collationné, gné, DU TILLET.

Le vingtieme Juillet mil sept cent un, sig-ifié audit Lambotte, Procureur. Signé IMON.

ORDONNANCE DE MONSIEUR LE LIEUTENANT GENERAL DE POLICE.

Portant que les Reglemens de la Commmu-té des Maitres Pâtissiers de la Ville & Fauxbourgs de Paris, seront éxecutez :

Fait deffenſes à toutes perſonnes de crier ni de porter des Oublies par le ruës de la dite Ville & Fauxbourgs, s'ils ne sont avouez d'un Maitre de ladite Communauté, duquel ils ſeront tenus de prendre un Certificat par écrit; & des Jurez, une Empreinte de la Marque de leur Communauté.

Du dix Janvier 1702

SUr le Rapport à Nous fait en l'Audience de Police par M. Nicolas-François Menyer, Conſeiller du Roy, Commiſſaire en cette Cour; Qu'il a reçû plainte des Jurez de la Communauté des Pâtiſſiers de cette Ville, contenant que par les Reglemens de Police il eſt deffendu à toutes perſonnes de crier des Oublies s'il n'eſt avoué d'un Maitre de ladite Communauté: Que néanmoins depuis quelque temps plusieurs Vagabonds & Gens ſans aveu ne laiſſent pas d'en crier, & ſous ce prétexte, s'introduiſent dans les maiſons, où ils volent & trompent au jeu ceux qui ont la facilité de joüer avec eux se ſervant pour cela de faux Dez: Qu'il y a même actuellement dans les Priſons du Châtelet un de ces Particuliers qui a filouté une ſomme de cent cinquante livres en contrefaiſant l'Oublieur; & que cet abus qui commence à paſſer en uſage, pouvoit apporter un grand préjudice à l'honneur de leur Communauté; ils ont

crû

û qu'il étoit de leur devoir d'en rendre leur
ainte, & de Nous demander qu'il y fût pourvû
ır quoi, Nous, après avoir oüi ledit Commiſ-
ıre en ſon Rapport, & que leſdits Jurez pré-
ns à l'Audience, ont perſiſté dans la plainte
ır eux renduë, & ſoûtenu les faits y contenus;
ons ordonné qu'il en ſera informé à la Requê-
du Procureur du Roy : faiſant droit ſur les
onclusions des Gens du Roy, ordonnons que
s Reglemens ſeront éxecutez; & conformé-
ent à iceux, faiſons deffenſes à toutes perſon-
es de crier ni de porter des Oublies par les
ıës de la Ville & Fauxbourgs de Paris, s'ils ne
n avoüez d'un Maitre de ladite Communau-
, du quel ils ſeront tenus de prendre un
ertificat par écrit, & des Jurez une Empreinte
e la Marque de leur Communauté, don ils re-
ıettront inceſſamment le modele au Greffe pour
n être dreſſé procès-verbal. Deffendons pareil-
ment à toutes perſonnes, mêmes auſdits Com-
agnons avouez, de crier ni porter des Oublies
ar les ruës aux jours exceptez par les Statuts &
eglemens. Enjoignons aux Officiers & Archers
u Guet, d'arrêter ceux qu'ils trouveront la nuit
riant ou portant des Oublies, lorſqu'ils ne pouront leur repréſenter un Certificat du Maitre d'où
ls ſe diront avoüez, & l'Empreinte de la Marque de ladite Communauté. Et ſera notre pré-
enté Ordonnance inſerée & affichée dans les
Regiſtres d'icelle, lûë, publiée & affichée dans
es Carrefours & Places publiques, à ce que

personne n'en prétende cause dignorance. Ce fu fait & donné par Messire Marc-René de Voye de Paulmy d'Argenson, Chevalier, Conseiller d Roy en ses Conseils, Maitre des Requêtes or dinaire de son Hôtel, & Lieutenant Géneral d Police de la Ville, Prévôté & Vicomté de Pa ris, le Mardy dixiéme jour de Janvier mil sep cent deux. Signé, DE VOYER D'ARGEN SON. CAILLET, Greffier.

L'ordonnance ci-dessus a été lûë & publié à haute & intelligible voix, à son de Tro pe & Cry public, en tous lieux ordinaire & accoûtumez, par moy, Marc-Antoin Pasquier, Juré-Crieur ordinaire du Roy e la Ville, Prévôté & Vicomté de Paris, demeurant, ruë du milieu de l'Hôtel de Ursins, accompagné de Claude Matelin Louis Ambezar & Nicolas Ambezar, Ju rez Trompettes, le 21. Janvier 1702. à ce qu personne n'en prétende cause d'ignorance & affichée ledit jour esdits lieux. Signé. PAS QUIER.

SENTENCE DE POLICE.

…nduë en faveur des Maitres Pâtissiers de la Ville de Paris, contre la Communauté des Marchands Fruitiers-Orangers, Beurriers-Fromagers-Cocquetiers de la même Ville.

Du neuviéme Mars 1703.

A Tous ceux qui ces Présentes Lettres verront, Charles-Denis de Bullion, Cheva…r, Marquis de Gallardon, Seigneur de Bon…elles & autres lieux, Prévôt de Paris, Salut. …AVOIR FAISONS, que sur la Requête faite en …ugement devant Nous en la Chambre de Po…ce, par M. Antoine Hercules le Tellier, …rocureur des Jurez en Charge de la Commu…auté des Maîtres Pâtissiers à Paris, Deman…eurs en execution des Statuts & Reglemens de …urdite Communauté, aux fins de la Requête …erbale d'intervention signifiée le 3. du présent …ois par Voisin, Audiencier tendante à ce …ue la saisie faite à la requête des Jurez Fruitiers-…eurriers, du beurre acheté sur le carreau de la …Halle, pour le nommé Dubourg, Maitre Pâ…issier, soit déclarée nulle, que defenses leur …eront faites de troubler les Maîtres Pâtissiers …ans le droit & la possession qu'ils ont toûjours …û d'acheter sur le carreau de la Halle, le beurre dont ils ont besoin dans leur commerce, peine d'amende, & de tous les dépens, dommages & interêts ; & encore Demandeurs e éxecution de nôtre Sentence contradictoire du Mars présent mois & an ; assisté de M. Pillo leur Avocat, contre M. André Richer, Procureur des Jurez de la Communauté des Ma chands Fruitiers-Orangers, Beurriers-Fromager Cocquetiers de Paris, Demandeurs aux fins c leur Exploit de saisie du 17. Février dernier fait par Gouf, Sergent à Verge, contrôlé à P. ris le 19. par Le grand, & deffendeurs à ladi Requête d'intervention, assisté de M. Porcho leur Avocat ; & contre M. René Foyneau, Procureur de Pierre Dubourg, Maitre Pâtissier Paris, Demandeur suivant son exploit, fait 17. Février dernier de l'Ordonnance du Commissaire Duplessis, au sujet de la plainte à l renduë ledit jour, & aux fins de son Acte signifié le vingt-six dudit mois & Deffendeur à l dite saisie & à lad. Requête, assisté de M. Forestier, son Avocat, & M. Pennet, Procureu de Gilbert Provost, Marchand de beurre forai assisté de M. Quillet son Avocat : Parties oüie lecture faite des Statuts & Reglemens desdit Communautez, dudit exploit de saisie, fait à requête desdits Jurez Beurriers. Requête & au tres pieces des Parties : Nous, faisant droit su les contestations des Parties, ordonnons que le Statuts des deux Communautez seront executé selon leur forme & teneur ; ce faisant, mainten gardés les Maîtres Pâtissiers de cette Ville dans droit & possession d'acheter les beurres de la remierre main, des Marchands forains, concurrament avec les Marchands Fruitiers-Oran- ers, Beurriers-Fromagers & Cocquetiers, & à même heure que lesdits Fruitiers feront en- 'eux le Lotissement des beurres, néanmoins près que l'heure des Bourgeois sera passée, & ue les beurres auront été visitez par lesdits Ju- ez Fruitiers; laquelle visite ils seront tenus de aire incessamment avant que de pouvoir proce- er audit lottissement: Faisons main-levée pure simple à la Partie de Forestier, des beurres ui ont été sur lui saisis. Et après que Porchon our lesdits Jurez Fruitiers a soûtenu que ledit 'rovost, Marchands forain, Partie de Quillet, e veut pas souffrir la visite: qu'il envoye les aniers de beurre en droiture chez les Pâtissiers; & qu'il met un faux prix ausd. marchandises de eurre, pour en produire la cherté; soûtenu au contraire par ladite Partie de Quillet, avant fai- e droit, avons permis aux Parties de faire preu- ve respectivement de leurs faits, pardevant le Commissaire Duplessis, pour l'Enqueste faite, rapportée & communiquée aux Gens du Roy, être fait droit aux Parties ainsi que de raison, la moitié des dépens compensez entre les Parties, & l'autre moitié reservée; ce qui sera éxecuté sans préjudice de l'appel; En témoin de ce, Nous avons fait sceller ces Présentes. Ce fut fait & donné par Messire Marc-René de Voyer de Paulmy d'Argenſon, Conſeiller du Roy en ſe ſes Conſeils, Lieutenant Géneral de Police tenant le Siégé le Vendredy neuviéme Mars m ſept cent trois. Collationné. Signé, TARDIVEAU

Signifie auſdits Richer, Foyneau, Pennet, à domici le 26. Avril 1703.

Ceux qui voudront aller acheter du Beurr & autres choſes ſur le carreau, ſon avertis d porter pluſieurs piéces de cuivre de la larget d'une piéce de dix-huit ſols, un peu plus épai ſe, où il y aura d'un côté, le nom du Maitre & de l'autre l'année, qui ſerviront pour lottir.

A Tous ceux qui ces Préſentes Lettres ve ront, Charles-Denis de Bullion, Cheva lier, Marquis de Gallardon, Seigneur de Bon nelles & autres lieux, Conſeiller du Roy en ſe Conſeils, Garde de la Prévôté de Paris, Salu SÇAVOIR FAISONS, que vû la Requête à No préſentée par les Jurez de la Communauté d Maitres Pâtiſſiers-Oublayers de cette Ville d Paris, tendante à ce qu'il Nous plût, en con firmant & éxecutant les Ordonnances, Arrêts & Reglemens; faire de rechef deffenſes à tous Mai tres Pâtiſſiers-Oublayers d'envoyer à l'avenir ver dre & débiter par leurs Apprentifs, Compag nons, Domeſtiques ou autres, dans les Ruës Marchez, Carrefours & places publiques, ni dan les Cabarets, Hôtelleries & autres endroits, leur

archandises de Pâtisserie, attendu les inconve-
ens qui arrivent journellement, tant par la cor-
ption, que par l'abandon desdits Apprentifs;
quels par le colportage continuel desdites
archandises esdites Places & Lieux, consom-
ent inutilement le temps de leur apprentissage
ns rien apprendre de leur métier: Et ce qui
d'une plus dangereuse conséquence pour eux,
ndonnent au jeu, à la fainéantise, à la débau-
e, & finalement à toutes sortes de désordres,
r la fréquentation continuelle qu'ils ont en
lportant lesdits marchandises, avec les fainéans,
upeurs de bourses, & autres gens de leur ca-
le, dont lesdits lieux publics sont ordinaire-
ent remplis; ausquels inconveniens les pauvres
pprentifs, la plûpart sans aucuns parens qui
issent veiller à leur conduite, sont sujets par
propre fait de leurs Maitres, qui par un mé-
is à la Justice, contreviennent impunément aux
effenses portées par plusieurs desdits Arrêts &
eglemens, & par nos Sentences de Police;
omme aussi à ce que deffenses fussent faites à
us Maitres d'étaler & d'avoir des Tables esdits
arrefours & lieux publics, ni aux coins des ruës,
proche des boutiques des autres Maitres,
ui se voyent par-là frustrez du débit de leurs mar-
handises dans leurs boutiques; ce qui cause
ur ruine par les grands loyers qu'ils ont le
lus souvent à payer desdites boutiques & mai-
ons qui sont cheres. L'Ordonnance de Nous
élivrée au bas de ladite Requête, portant qu'el

le feroit montrée au Procureur du Roy ; L Conclufions dudit Procureur du Roy au bas c ladite Ordonnance, à ce qu'Affemblée fut fai pardevant Nous, & en la préfence des autr Maitres qui ont paffé la Jurande, de fix Mode nes & de fix Jeunes, pour donner leur avis f le contenu en ladite Requête ; nôtre Senten rendüe fur ladite Requête le 3. Janvier de nier, qui ordonne ladite Affemblée, confo mément aufdites Conclufions ; & nôtre Procè verbal, du 26. Février en fuivant, contena l'avis defdits Anciens, Modernes & Jeunes, po ce affemblez en nôtre Hôtel, en préfence c Procureur du Roy, Tout vû, enfemble lef Arrêts & Reglement, & Sentences de Polic mentionnez en ladite Requête ; Nous, aya égard à ladite Requête & conformément au Conclufions du Procureur du Roy ; Ordonnoi que les Reglemens, Arrêts & nos Sentences d Police feront éxecutez ; & en conféquence fa fons iteratives deffenfes à tous Maitres Pâtiffier Oublayers, de faire colporter hors leurs bout tiques aucunes marchandifes de Pâtifferie p leurs Apprentifs, Domeftiques ou autres, pou les vendre & débiter dans les Carrefours, Lieu & Places publiques, Cabarets & Hôtelleries, peine de 500. livres d'amende, & de confifc tion defdites marchandifes ; Faifons auffi deffen fes à tous Maîtres d'avoir chez eux, en mêm temps, plus de deux Apprentifs chacun ; En joint à ceux defdits Maitres qui ont un plu

gran

nd nombre d'Apprentifs, de les mettre hors leurs boutiques, & en remettre leurs Brevets pprentissage entre les mains des Jurez, pour r être pourvû d'autres Maîtres, & lesdits Apprentifs à parachever le temps porté par leursdits evets; Faisons pareillement deffenses à tous aitres d'étaler & mettre des tables dans les eux & Places publiques, aux coins des Ruës proche les Boutiques des autres Maitres, aussi à peine de confiscation de leurs marchandises, de cent livres d'amende. Enjoint aux Jurez tenir la main à l'execution des Présentes, lesquelles seront lûes & publiées dans la Chambre de la Communauté, registrées au Registre d'icelle, executées nonobstant oppositions ou appellations quelconques, & sans préjudice d'icelles: En témoin de quoi, nous avons t sceller ces Présentes. Ce fut fait & donné r Nous GABRIEL-NICOLAS DE LA REYNIE, hevalier, Conseiller ordinaire du Roy en son onseil d'Etat, Lieutenant Géneral de Police la Ville, Prévôté & Vicomté de Paris, le atriéme jour de Mars mil six cent soixante dixuit. Délivré pour seconde Grosse, le dix-neuiéme jour de Juillet 1700.

Collationné, Signé, TARDIVEAU.

Extrait des Registres de la Cour de Parlement

ENtre Antoine Guerin, Jean le Blanc & Charles Gosse, Mres Pâtissiers à Paris, Appellans de deux Sentences rendues par le Lieutenant de Police au Châtelet de Paris, les 8. & 15 Janvier 1700. d'une part, les Jurez Gardes de la Communauté des Maitres Pâtissiers de cette Ville de Paris, Intimez d'autre ; après que Gaignaut Procureur de la Communauté des Pâtissiers, a demandé la reception de l'appointement avisé au Parquet des Gens du Roy, où les Parties avoient été renvoyées par Arrêt contradictoire du 23 Juin dernier, & paraphé, de Daguesseau pour le Procureur Géneral du Roy, & signifié le 13 Decembre dernier à Gaignaut & G. Guyot, Procureurs ; LA COUR ordonne que l'appointement sera reçû, & suivant icelui, a mis les appellations, & ce dont a été appellé au néant, en ce que les Appellans ont été condamnez chacun en dix livres d'amende, & en pareille somme de dommages & interêts ; émendant quant à ce, les décharge desdites condamnations, lesdites Sentences au résidu sortissant effet, & sera la Sentence du 4. Mars 1678. ensemble l'Arrêt du 3. Juin 1683. lue & publiée en la Chambre de la Communauté desdits Maitres Pâtissiers, & enregistrée au Registre d'icelce, à la diligence des Jurez étant présente ment en Charge; condamne les Appellans aux dépens de la Cauſe principale, & en la moitié de ceux de la Cauſe d'appel, l'autre moitié compenſée. Fait en Parlement, vingt-ſept Novembre 1700. Collationné, DU TILLET.

Lû, publié & enregiſtré la Sentence & Arrêt ci-deſſus, en la Chambre de la Communauté, en la préſence des Anciens de la Communauté, pour ce mandez, pour être executez ſelon leur forme & teneur. Du temps de la Jurande de Michel Pigeon, Gratien Charton, Louis Pernel, & Pierre Hicart, tous Jurez en charge de ladite Communauté, le vingt-deux Decembre mil ſept cent.

A Tous ceux qui ces Préſentes Lettres verront, Achilles de Harlay, Chevalier, Conſeiller, du Roy en ſes Conſeils-d'Etat & Privé, ſon Procureur Géneral, & Garde de la Ville, Prévôté & Vicomté de Paris, le Siége vacant, Salut. Sçavoir Faiſons, que vû la Requête à Nous préſentée par les Jurez & Gardes de la Communauté des Maitres Pâtiſſiers-Oublayers, Faiſeurs de Pain à chanter à Paris; Contenant que de tout temps ils ont été érigez en Maîtriſe; Comme ils avoient une devotion particuliere à l'Ange S. Michel, ils le prirent pour

Protecteur & Patron, & auroient obtenu de Sa Sainteté des Bulles d'Indulgences, portant qu'il leur est libre de faire dire le Service Divin, tant la Fête de Saint Michel, jours des Fêtes de la Sainte Vierge, que autres Fêtes; lesquelles Bulles ont été renouvellées par le Pape Clement, X. en l'anné 1672. Mais que depuis ledit temps, quelque procès se seroit mû entre lesdits Jurez Gardes & autres Maitres de ladite Communauté, prétendant que ce n'étoit point aux Maitres de Confrerie, pour lors en Charge, de faire dire le Service pendant lesdites Fêtes; si bien que sur cette contestation seroit intervenue notre Sentence du 31. Août 1677 portant que ce seroit les deux plus jeunes Jurez reçus en Charge en ladite Communauté alternativement chacune année, qui feroient dire & célebrer le Service Divin; Et comme lesdits Maitres de Confrerie étoient obligez de faire dire & celebrer le Service tous les ans pour chacun Maitre & Maitresse Pâtissiers qui decedent, des deniers que les Maitres dudit Métier donnent volontairement selon leurs facultez, lorsqu'ils vont à la Queste qui se fait ordinairement aux jours qui sont les plus proches de la Fête de Saint Michel: & que depuis notredite Sentence lesd. Maitres Pâtissiers n'ont tenu compte de payer ce qu'ils avoient accoûtumé de donner & mettre dans la Boëte de ladite Communauté, & par ainsi les Services mortuaires ne peuvent être continués, d'autant qu'aucuns desdits Maitres disent qu'il n'y

›lus de Confrérie ; pourquoi lesdits Jurez & ardes auroient été conseillés de nous donner ır Requête, & requeroient qu'il Nous plût donner que tous les Maitres de ladite Communuté seroient tenus de donner aux Jurez qui vont ire la quête tous les ans, chacun trente sols, ou ıtre somme qu'il Nous plairoit, dont lesdits Jurez ndront Registre, pour être lesdits deniers nployez à la continuation desdits Services qui ıt accoutumé d'être célebrés comme dit est. ous, ayant égard à ladite Requête, & faisant oit sur les Conclusions du Procureur du Roy, ant au bas d'icelle, de ce jourd'hui : Disons, ıe les anciens Maitres Pâtissiers qui ont éxer- la Jurande, vingt Modernes & vingt Jeunes ront assemblez pardevant Nous, en presence ıdit Procureur du Roy, pour donner leur is sur le contenu en ladite Requête, dont se- dressé Procès-verbal, pour icelui vû communiqué audit Procureur du Roy, être ordonné ce qu'il appartiendra; En témoin de quoi, ous avons fait sceller ces Présentes du Scel la Ville, Prévôté & Vicomté de Paris. Ce ıt fait & donné par Messire Gabriël-Nicolas de Reynie, Conseiller du Roy en ses Conseils, laitre des Requêtes ordinaires de son Hôtel, Lieutenant Géneral de Police de la Ville, révôté & Vicomté de Paris, le vingt-deux oût mil six cent soixante-dix-neuf. Collationé. Signé, SAGOT, Greffier.

A Tous ceux qui ces présentes Lettres verro Achilles de Harlay, Chevalier-Conseill du Roy en tous ses Conseils d'Etat & privé, s Procureur General & Garde de la Ville, Prevô & Vicomté de Paris, le Siege vacant, Salut. Sç voir faisons; que vû la Requête à Nous présent par les Jurez & Gardes de la Communauté d Maitres Pâtissiers Oublayers, Faiseurs de Pai chanter à Paris; contenant, que de tout tems avoient été érigez en Maitrise, & comme avoient une dévotion particuliere à Saint Mich ils le prenoient pour leur Protecteur & Patron avoient obtenu de Sa Sainteté des Bulles d'Indu gences, porta[illegible]'il leur étoit libre de faire di le Service Divin, tant la Fête de Saint Miche jours de Fêtes de la Sainte Vierge, qu'autr Fêtes; lesquelles Bulles avoient été renouvellé par le Pape Clement X. en l'année 1672. Q depuis ledit tems, quelques Procès s'étant m entre les Jurez & Gardes & autres Maitres ladite Communauté, au sujet de ladite Confréri seroit intervenue notre Sentence le 31 Aou 1677. par laquelle Nous aurions ordonné, q les deux jeunes Jurez alternativement auroie soin de faire dire lesd. Services, ensemble les Se vices mortuaires qui se faisoient chacun an po les Maitres & Maitresses de ladite Communau Et d'autant qu'il y avoit beaucoup de Maitres q étoient refusans de payer les droits qu'ils avoie accoutumez pour lesdits Services, ils requeroie l Nous plût ordonner que tous lesdits Maitres ladite Communauté seroient tenus de payer Jurez qui alloient faire la Quête tous les ans, cun trente sols, ou telle autre somme qu'il us plairoit, dont deux Jurez tiendroient Re- re, pour ètre lesdits deniers employez à faire ıtinuer les Services accoutumez; notre Sen- ce rendue sur ladite Requête le 21 Aoust der- r, portant que les anciens Maitres Pâtissiers ont éxercé la Jurande, vingt Modernes & gt Jeunes Maitres seroient assemblez pardevant ›us, en présence du Procureur du Roy, pour nner leur Avis sur le contenu en ladite Re- ête, dont seroit dressé Procès-verbal, pour lui vû & communiqué audit Procureur du Roy 30 dudit mois d'Aoust, contenant les compa- ions, sermens & avis desdits Maitres assemblez notredite Sentence, & les Conclusions dudit ocureur du Roy, étant au bas d'icelui du quatre présent mois. Nous, faisant droit sur les nclusions dudit Procureur du Roy, avons l'avis rté par ledit Procès-verbal dudit jour 30 Aoust rnier, homologué, & suivant icelui, ordonné e les Maitres Pâtissiers seront tenus de payer acun quinze sols par an, pour fournir à la pense de ladite Confrerie, dont lesdits Ju- z tiendront Registre pour en rendre compte; ı témoin de quoi, Nous avons fait sceller les ésentes. Ce fut fait & donné par Messire Ga- iël-Nicolas de la Reynie, Conseiller du Roy ı tous ses Conseils, Maitre des Requêtes ordinaire de son Hôtel, & Lieutenant Gener de Police de la Ville, Prévôté & Vicomté c Paris, le quatriéme jour de Septembre 167 Collationné. Signé, TENICHEL, avec paraphe.

SENTENCE DE POLICE,

Qui fait deffenses aux Maitres Boulange de cette Ville de Paris, de fabriquer, ver dre, ni débiter aucuns Gâteaux ni Pât de quelque maniere que ce soit, même d Gâteaux à la Féve dans l'Octave des Ro ni d'en cuire pour le Public.

Du 7 Decembre 1691.

A Tous ceux qui ces presentes Lettres verro Charles-Denis de Bullion, Chevalier-Ma quis de Gallardon, Seigneur de Bonnelles autres lieux: Conseiller du Roy en ses Conseil Garde de la Ville, Prévôté & Vicomté de Pari Salut. Sçavoir faisons: Que sur la Requête fai en Jugement devant Nous en la Chambre Police du Châtelet de Paris, par Me Jean Bonn foy, Procureur des Jurez de present en Char de la Communauté des Maitres Pâtissiers à Pari Demandeurs aux fins de leur Exploit du 24 N vembre dernier, fait par Henneguy, Priseu

contrô

ntrôlé à Paris ledit jour par Pontaine, tendant
:e que deffenſes ſoient faites aux cy après nom-
ez, de fabriquer à l'avenir, vendre ni débiter
cuns Gâteaux ; de quelque maniere que ce
iiſſe être, même des Gâteaux à la Féve, dans
)ctave des Rois. & de cuire des Pâtez & Gâ-
aux pour le Public ; Contre Me Roch Hubert,
'ocureur des Jurez de la Communauté des
laitres Boulangers de cette Ville, Deffendeurs
adite demande, & Demandeurs judiciairement,
ce que deffenſes ſoient faites aux Pâtiſſiers de
iire & faire du pain, ſous quelque prétexte que
: puiſſe être: Parties ouies, lecture faite des
atuts & Reglemens de la Communauté des Pâtiſ-
:rs, enſemble de leur demande ſuſdatée. Nous,
iſant droit ſur la demande des Parties de Bonne-
y, faiſons deffenſes aux Parties d'Hubert, de plus
l'avenir fabriquer, vendre ni débiter, ſous quel-
ıe prétexte que ce ſoit, aucuns Gâteaux, de
uelque qualité qu'ils puiſſent être ; & faiſant droit
ır la demande judiciaire des Parties d'Hubert,
iiſons deffenſes aux Parties de Bonnefoy, de plus
l'avenir fabriquer ni cuire aucuns Pains, ſous
uelque prétexte que ce ſoit, dépens compenſez
ntre les Parties ; ce qui ſera executé ſans préju-
ice de l'appel. En témoin de ce, Nous avons
iit ſceller ces Préſentes ; faites & données par
Ieſſire Gabriel-Nicolas de la Reynie, Conſeiller
'Etat ordinaire, & Lieutenant Géneral de Police
enant le ſiége le Vendredy 7 Decembre 1691,
ǂ. délivré pour ſeconde expedition le 11 Août ;

1707. Collationné. Signé, COTIVEAU.

ARREST DE LA COUR DE PARLEMENT.

Rendu au profit de la Communauté des Maitres Pâtissiers de cette Ville de Paris, pendant la Jurande des sieurs Laurent Meusnier, Claude Brouard, Jean David, & Guillaume Guibout, Melon Naudin, Receveur. Contre la Communauté des Maitres Chaircuitiers de cette même Ville.

Du 14 Aout 1711.

LOUIS, par la grace de Dieu, Roy de France & de Navarre: Au premier Huissier de notre Cour de Parlement, ou autre notre Huissier ou Sergent sur ce requis; Sçavoir faisons qu'entre les Jurez & Communauté des Maitres Chaircuitiers de Paris, Appellans d'une Sentence rendue par le Lieutenant Général de Police du Châtelet de Paris, du 14 Juin 1697, & de ce qui a suivi, d'une part; & les Jurez & Communauté des Maîtres Pâtissiers de cette Ville de Paris Intimez; & entre les Jurez & Communauté des Maitres Chaircuitiers, Appellans d'une autre Sentence rendue par ledit Lieutenant Général

Police, du 2 Septembre 1710, & de tout ce
ui a suivi, d'une part: Et les Jurez & Communauté des Maitres Rotisseurs de cette Ville de
aris, & Jean le Cœur & Marguerite Nicot sa
mme, Intimez, d'autre; Vu par Notredite
our la Sentence dont est appel, rendue par led.
ieutenant Gêneral de Police, le 14 Juin 1697.
ar laquelle auroit été dit que les Arrêt & Regle-
ent de Police seroient exécutez, & conformé-
ent à iceux: lesd. Chaircuitiers tenus de fournir
s 40 places de la Halle, ainsi qu'ils y étoient
bligez, Et en ce qui regardoit la demande &
tervention des Pâtissiers contre lesdits Chair-
itiers, les Sentences de Police du 26 Avril
697, rendues contre les nommés Claude Guerin,
veuve Jean le Comte & Jean Blanchard, Pâtis-
rs, auroient été déclarées communes avec lesd.
rez Pâtissiers, & conformément à icelles, def-
nses auroient été faites aux Parties d'étaler ni
ndre aucuns Jambons & Lards en leurs Bouti-
es; & néanmoins, ayant aucunement égard à
pposition formée par lesdits Jurez Pâtissiers,
roit été permis ausdits Pâtissiers d'acheter du
rd frais à la Halle, en la maniere accoutumée,
ur le saler & assaisonner à leur maniere, &
mployer aux piéces de Pâtisseries, & à la neces-
é de leur métier seulement. Tous depens com-
nsés. Autre Sentence rendue par led. Lieutenant
énéral de Police le deux Septembre 1710, par
quelle l'Avis du Procureur du Roy auroit été
firmé; en conséquence main-levée auroit

été faite de la saisie faite à la Requête desdi Chaircuitiers : ce faisant, permis ausdits Rotisseu & audit le Cœur, l'un d'eux, d'acheter à la Hal du Lard pour l'employer à leur métier seulemen deffenses à eux d'en faire magasin ni d'en vendr débiter en gros ni en détail ; lesdits Chaircuitiers condamnez en la moitié des depens, l'autre moiti compensée : Arrest d'appointement au Consci du 6 Février 1711, causes & moyens d'app desdits Chaircuitiers, du vingt & un Mars 171 Réponses à causes d'appel desdits Chaircuitiers du 21 Mars 1711, Réponses à cause d'appel des Rotisseurs & Pâtissiers des 18 Mai & premier Jui audit an ; Requête dudit le Cœur & sa femme, d 19 dudit mois de May, employée Pour repons à cause d'appel, productions des Parties ; contre dits desdits Chaircuitiers, Pâtissiers & Rotisseurs des 25 Juin, 4 Juillet & 29 dudit mois de Juillet servant de salvations ; Requête desdits le Cœu & sa femme, du 15 dudit mois de Juillet, employé pour contredits ; production nouvelle desdi Chaircuitiers, par Requête du 8 Juillet dernie Contredits des Pâtissiers du 20 dudit mois d Juillet, Requêtes desdits le Cœur & sa femme & desdits Rotisseurs, des 3 & 4 Août préser mois, employées pour Contredits : Conclusion de notre Procureur General. TOUT CONSIDERÉ NOTREDITE COUR a mis & met les appellations au néant ; Ordonne que ce dont a ét appellé sortira effet ; Condamne les Appellans ès amendes de douze livres, & aux depens de l

.use d'appel : Mandons faire tous les Exploits
éxecution du present Arrêt. DONNE' à Paris
Parlement le quatorziéme Août mil sept
nt onze, & de notre Regne, le soixante-
uf. Collationné par la Chambre.

Signé, GUYHOU.

27 *Août* 1711 *signifié à* Me *Poillot.* Signé HERMAUT.

RREST DE LA COUR DE PARLEMENT.

endu le 10. *Août* 1713. *au profit de la Communauté des Maitres Pâtissiers de cette Ville de Paris pendant la Jurande des Sieurs Edme Courtois, Jean-Baptiste le Febvre, Nicolas Noel, Nicolas Lucas, & René Joly, Receveur : Contre la Communauté des Maitres Boulangers de cette Ville de Paris.*

Extrait des Registres de Parlement.

ENTRE les Jurez, Corps & Communauté des Maitres Boulangers de cette Ville de 'aris, Appellans d'une Sentence rendue par le .ieutenant Géneral de Police du Châtelet de aris, le 7 Decembre 1691, d'une part, & les urez, Corps & Communauté des Maîtres Pâtisſiers de Paris Intimez, d'autre part ; & encor entre la Communauté deſdits Maitres Pâtiſſiers Demandeurs en Requête par eux preſentée à l Cour le 14 Decembre 1712, à ce qu'en venan plaider par les Parties ſur ledit appel, & confir mant ladite Sentence, avec amande & dépens il plût à la Cour ordonner que les Reglemen ſeront executez, & en conſequence, que défenſe ſeront faites à tous les Maitres Boulangers d ladite Ville & Fauxbourgs de Paris d'entreprendr ſur le Métier de ladite Communauté des Pâtiſſiers Ce faiſant, que leſdits Boulangers ne pourron employer dans leurs pains, de quelque natur qu'ils ſoient, des œufs, beurre, & ne pourron cuire aucuns Gâteaux, Pâtez ni viandes dans leu four, même dans le temps des Rois, ſous quelqu pretexte que ce puiſſe être, ni dorer le pain qu'il débitent avec des œufs, à peine de cinquante livre d'amende, & de confiſcation, & de tous depen dommages & interêts, & condamner ladite Communauté des Boulangers aux dépens, Ordonne que l'Arrêt qui interviendra ſera lû & publié pa tout où beſoin ſera, & enregiſtré à la Communauté des Maitres Boulangers, Et leſdits Maitres Pâtiſſiers Demandeurs : d'une part ; & leſdits Maitres Boulangers, Deffendeurs & Demandeurs en Requête du 15 dudit mois de Décembre 1712 à ce qu'il plût à la Cour, faiſant deffenſes auſdits Maitres Pâtiſſiers de faire ni cuire aucuns Pains pour le Public dans leur four, ſous quelque prétexte que ce ſoit ou puiſſe être, à peine de 50 liv.

l'amande, applicable moitié à leur Communauté, & l'autre moitié à l'Hôpital Géneral, & de confiscation dudit pain, & condamner les conteſtans aux dépens, d'une autre part. Après que Baudin Avocat des Boulangers, & Andrieux, Avocat des Pâtiſſiers ont été ouis, enſemble Joly pour le Procureur Général du Roy, LA COUR a mis & met l'appellation au neant, ordonne que ce dont a été appellé ſortira effet ; & ayant égard à la Requête des Parties d'Andrieux, ordonne que les Reglemens ſeront executez, & en conſequence fait deffenſes à tous Maitres Boulangers de la Ville & Fauxbourgs de Paris, d'entreprendre ſur le métier de la Communauté des Pâtiſſiers ; Ce faiſant, ordonne que les Parties de Baudin ne pourront employer dans leurs pains, de quelque nature qu'ils ſoient, des œufs & beurre, & ne pourront ni faire ni cuire aucuns Gâteaux & Pâtez pour le Public, dans leur four, ſous quelque prétexte que ce puiſſe être ; Et ayant pareillement égard à la Requête des Parties de Baudin, fait deffenſes à celles d'Andrieux de cuire du Pain dans leur four, pour le Public, ſous tel pretexte que ce puiſſe être ; condamne les Parties de Baudin en l'amende de douze livres, & aux dépens ; Ordonne que le preſent Arreſt ſera lû & publié aux Communautez des Boulangers & Pâtiſſiers. Fait en Parlement le dix huit Aout mil ſept cens treize. Signé, LORNE.

Collationné, & plus bas eſt écrit ; Le 9

Septembre 1713, signifié & baillé copie à M. Livoire, Procureur. Signé Hermault. Et plus bas est encore écrit. Signifié aux Jurez de la Communauté des Maitres Boulangers de la Ville de Paris.

ARRESTS CONTRADICTOIRES de la Cour de Parlement; rendus sur les Conclusions des Gens du Roy, au profit de la Communauté des Maitres Patissiers de la Ville & Fauxbourgs de Paris, contre les Maitres Boulangers de la même Ville.

A la diligence de Simon Aubert, Eleonord-François Poulin, Michel Minet, & Crepin Germain, Jurez en Charge de la Communauté des Maitres Pâtissiers; de Mathieu Lefebvre, Syndic & Receveur en Charge de ladite Communauté.

Extrait des Registres de la Cour de Parlement.

Des 11 & 26 Aoust 1717.

LOUIS, par la grace de Dieu, Roy de France & de Navarre, Salut, SÇAVOIR &c. LA COUR sans s'arrêter aux Requêtes des Parties de Macé, a mis & met l'appellation au néant; ordonne que ce dont a été appellé sortira effet; condamne les Appellans en l'amande

e de douze livres & aux dépens pour tous dom-
ages & interêts ; Ordonne que le présent Ar-
êt sera lû en la Communauté des Boulangers;
I MANDONS au premier Huissier mettre le pré-
ent Arrêt à execution ; de ce faire te donnons
ouvoir. DONNE' en Parlement le onze Août
nil sept cent dix-sept, & de notre Regne le deu-
iéme. Collationné. Signé NIVERT ; Et plus bas
ar la Chambre. Signé, GILBERT. Et scellé le
8. Août 1717. Signé, FOURNIER.

Signifié à Me Resmond, Procureur, le 21. Août 1717. igné, SIMON. *Et en suite signifié à la Communauté des Maitres Boulangers, le 13. Septembre 1717. à ce qu'ils en ignorent & ayent à s'y conformer, & l'enregistrer sur le Registre de leur Communauté.* DE RESMOND. PETIT EAN.

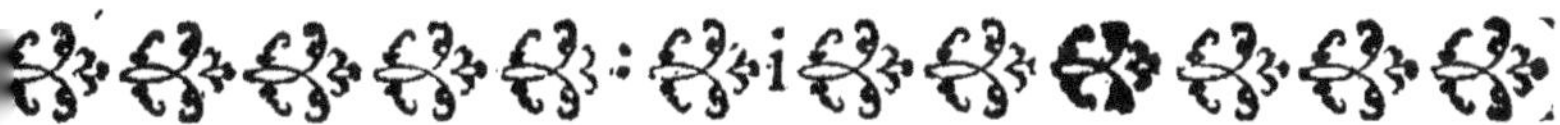

Extrait des Registres de Parlement.

VU par la Cour la Requête à Elle présentée par les Jurez de la Communauté des Maitres Pâtissiers de cette Ville de Paris, à ce qu'il plût à ladite Cour ordonner que l'Arrêt contradictoire rendu entre les Supplians & Gaspard Louiset, Nicolas Nezeau, Charles Guillon, & autres Maitres Boulangers de cette Ville de Paris, le 11. Août présent mois, sera exécuté selon la forme & teneur ; Ce faisant, que pour maintenir tous les autres Maitres Boulangers en regle, & éviter à differend & nouveaux procès, ledit Arrêt ſera lû, publié & affiché par tout o besoin ſera, enregiſtré à la Communauté de dits Maitres Boulangers. Vû auſſi les Piéces at tachées à ladite Requête ſignée, Petitjean Procureur : Concluſion de Bazin, ſubſtitut d Procureur Géneral du Roy : OUY le Ra port de Me Hierôme le Feron, Conſeiller. Tou CONSIDERÉ : LA COUR ordonne que ledi Arrêt ſera éxecuté ſelon la forme & teneur, & lû, publié & affiché par tout où beſon ſera. Fai en Parlement le 26. Août 1717. Collationné Signé, GILBERT.

ARREST DE LA COUR DU PARLEMENT

Qui maintient les Jurez de la Communauté des Maitres Patiſſiers dans le droit & poſſeſſion d'achetter ſur le carreau de la Vallée : avec deffenſes aux Rotiſſeurs de les y troubler.

Du 10. Août 1735.

LOUIS, par la grace de Dieu, Roy de France & de Navarre : Au premier des Huiſſiers de notre Cour du Parlement, ou autre Huiſſier ou Sergent ſur ce requis, Sçavoir Faiſons, &c. NOTREDITE COUR faiſant droit ſur le tout, en tant que touche l'appel interjetté par leſdits Jurez de la Communauté

:s Maitres Rotiſſeurs de cette Ville de Paris, :s Sentences du 17. Janvier 1629. 15. & 22. vril 1700. a mis & met l'appellation au néant; rdonne que ce dont a été appellé ſortira ſon .ein & entier effet, & en tant que touche ppel interjetté par leſdits Jurez de la Communauté des Maitres Pâtiſſiers de cette Ville, es Sentences des 7. Novembre 1687. 21 Mars 692. & 13. Decembre 1695. a mis l'appellaon & ce dont a été appellé au néant; Emenant, ordonne que les Statuts, Reglemens & entences de Police obtenus par leſdits Pâtiſſiers, :ront éxecutez ſelon leur forme & teneur; En onſéquence a maintenu & gardé, maintient : garde leſdits Pâtiſſiers dans le droit & poſeſſion d'achat ſur le carreau de la Vallée des Marchands Forrains, & de la premierre main, ux heures accoûtumées, les Volailles & Giiers dont ils ſe ſervent pour mettre en pâtes, ans que leſdits Pâtiſſiers puiſſent vendre & ournir leſdites Volailles & Gibiers autrement qu'en pâté; Fait deffenſes auſdits Rotiſſeurs de es y troubler; Ordonne que le préſent Arrêt era lû, publié & affiché par tous où beſoin era; Sur le ſurplus des appellations, les demandes, fins & concluſions des Parties, a mis hors de Cour & de procès; condamne leſdits Jurez & Communauté des Maitres Rotiſſeurs en l'amende de douze livres & en tous le dépens; Mandons mettre le préſent Arrêt à éxecution ſelon ſa forme & teneur; de ce faire ce donnons pouvoir. DONNE' en notre dite Cou de Parlement, le dix-neuf Août, l'an de grac mil sept cent trente-cinq, & de notre Regn le vingtiémé. Par la Chambre. Signé, DU FRANC

Le trente-un Août mil sept cent trente-cinq signifié e baillé copie à Me *Richer, Procureur, par Nous Huissi au Parlement, soussigné,* GODIN.

SENTENCE DE POLICE

PORTANT REGLEMENT

Du 18. *Juin* 1734.

A TOUS ceux qui ces presentes Lettres verront Gabriel-Hierôme de Bullion, Chevalier, Comt d'Esclimont, Mestre de Camp du Regiment de Pro vence, Infanterie, Prevôt de Paris; SALUT, Sçavoi faisons : Que sur la Requête faite en Jugement devan Nous à l'Audience de la Chambre de Police du Châtelet de Paris, par Maître Alexandre-Salomon Boullerot, Procureur de NICOLAS HEUSE' & d'ALEXANDRE BERNARD, Maîtres Patissiers à Paris, & anciens Jurez de lad. Communauté, opposans à la Délibération faite au Bureau de lad. Communauté le vingt-quatre May dernier, suivant l'acte signifié le même jour demandeurs aux fins de la Réquête à Nous présentée le ving-cinq dudit mois de May; de l'Exploit fait en vertu de nôtre Ordonnance le lendemain par Gelles, Huissier à verge, contrôlé à Paris le vingt-huit, & présenté, tendant à ce que deffenses soient faites aux Jurez de la Communauté, de recevoir aucun Maître par Chef-d'œuvre, qu'il n'ait préalablement payé comptant la

›mme de Quatre cent livres, deffendeurs aux Requête
: exploit du vingt-six dud. mois de May : Et à la
.equête verbale du vingt-huit du même mois, & de-
nandeurs incidemment suivant leurs deffenses du tren-
: & un du même mois, assistez de Maître Sandrier,
eur Avocat : Contre Me. Bourdin, Procureur des Ju-
ez de present en Charge de la Communauté des Maîtres
atissiers de cette Ville de Paris, deffendeurs aux Re-
uête & Exploit des vingt cinq & vingt-six May, de-
nandeurs suivant leur Requête & Exploit du même jour,
aux fins de la Requête verbale du vingt-huit du même
nois, assistez de Maître Duret leur Avocat : Et enco-
e contre Me. Douceur Procureur de François Rouget,
Compagnon Patissiers Aspirant à la Maîtrise par Chef-
d'œuvre, deffendeur & demandeur, assisté de Maître
Billecoq son Avocat PARTIES OUIES : Nous, sans
voir égard à la Délibration de mil sept cent trente qua-
re, que nous avons déclarée nulle : Ordonnons que
es Statuts de la Communauté, ensemble la délibe-
ation faite au Bureau de ladite Communauté le dix-huit
Mars mil sept cent trente-trois, laquelle Nous avons à
cet effet homologuée, seront executez selon leur forme
& teneur : En consequence faisons très-expresses inhibitions & deffenses aux Parties de Duret, & à leurs Successeurs en la Jurande, de recevoir aucun Maitre par
Chef-d'œuvte, qu'il n'ait payé comptant la somme por-
ée par ladite Délibration : Disons qu'il sera surçis à la
Maitrise du nommé Rouget, Partie de Billecoq, jusqu'à ce qu'il ait satisfait & payé comptant lad. somme.
Condamnons les Parties de Duret en tous les dépens, en
leur nom, sans qu'ils les puissent employer dans leurs
comptes : Et sera la présente Sentence imprimée & affichée dans le Bureau de ladite Communauté ; Ce qui
sera éxécuté nonobstant & sans préjudice de l'appel : En
témoin de ce Nous avons fait sceller ces Presentes : Ce
fut fait & donné par Messire RENE' HERAULT,

Chevalier-Seigneur de Fontaine-Labbé, Vaucreſſon & autres lieux, Conſeiller d'Etat, Lieutenant Général d Police de la Ville, Prévôt & Vicomté de Paris, tenan le Siége le Vendredy dix-huit Juin mil ſept cent tren te-quatre: Signé, *GUIRET*.

Collationné & ſcellé le 28. *Juin* 1734. Signé, *SAUVAGE*.

Et au dos eſt écrit: *Signifié auſdits Maîtres Doucet & Bourdin, à domicile le* 30. *Juin* 1734. Signé MASSO

Imprimé à la diligence deſdits Sieurs Huzé & Bernard

EXTRAIT DES TITRES ET PIECE en faveur de la Communauté des Maitres Patiſſiers d Paris.

Contre Alexandre Teinturier, Maitre Rotiſſeur à Paris & Marie-Thereſe Crepy ſa femme.

PRIMÒ. Arreſt du Conſeil du 20 Février 174 qui reçoit l'appel d'incompetance des Syndic Jurez Pâtiſſiers, & fait défenſes d'exécuter la Sentenc de la Prevôté de l'Hôtel, ſurpriſe par ledit Teinturie & ſa femme, ſur le fondement du Privilege de Traiteu ſuivant la Cour, dont la femme de Teinturier jouiſſoi

Secundo. Sentence de Police du Châtelet de Paris du Mars 1740. contre ledit Teintutier, qui déclare la ſaiſi ſur lui faite des Marchandiſes & effets y mentionnez bonne & valable, en ordonne la confiſcation au prof des Syndic & Jurez Pâtiſſiers, avec défenſes aud Teinturier de récidiver & d'entreprendre ſur la Profeſ ſion deſd. Pâtiſſiers, & pour contravention il eſt condam né envers eux en 20 liv. de dommages & intereſts 15 liv d'amende & aux dépens, & la Sentence lûe publiée & affichée par tout où beſoin ſera au dépens dud. Teinturie

Tertiò. Arrêt du Parlement du 25 May 1740. rendu r les Conclusions de M. le Procureur Géneral, qui donne que sur l'appel d'incompetance de la Sentence la Prevôté de l'Hôtel, surprise par ledit Teinturier, Parties procederont en la Cour, avec défenses de re poursuite ailleurs, à peine de nullité, 1000 livres amende, depens, dommages & interêts.

Quartò. Lettres en Reglement de Juges, obtenues r les Syndic & Jurez Pâtissiers, le 27 May 1740.

Collationné, Signé *ROMIEU.*

Quinto. Arrêt contradictoire du Conseil, du deux ctobre 1741, intervenu au rapport de M. Bernage, aitre des Requêtes, par lequel Sa Majesté, faisant oit sur l'instance, a renvoyé les Parties devant M. le eutenant General de Police du Chastelet, & par appel Parlement de Paris, pour y proceder sur leurs Procès differens, circonstances & dépendances, suivant les erniers erremens, & condamné ledit Teinturier & sa mme aux dépens.

Et enfin, en conséquence de cet Arrêt, il est intervenu ne Sentence contradictoire en la Chambre de Police du hastelet de Paris, du 1 Juin 1742. qui ordonne que s Statuts & Reglemens de la Communauté des âtissiers, seront exécutés selon leur forme & teneur. éclare les saisies bonnes & valables; ordonne la confiscation des choses saisies sur ledit Teinturier, au profit de Communauté des Pâtissiers. Fait deffenses audit Teinturier & sa femme de récidiver & d'entreprendre r la Profession des Maitres Pâtissiers, condamne dit Teinturier & sa femme aux depens; & or- onne que la Sentence sera lue, publiée & afficheé ux lieux & endroits nécessaires, de laquelle Sentence esdits Teinturier & sa femme n'ont osé interjetter appel, e qui passe en force de chose jugée

SENTENCE DE POLICE

POUR les Jurés en Charge de la Communauté des Maîtres Pâtissiers à Pari

*CONTRE Thomas le Commandeur, P-
tissier à Patin; qui lui fait défense de col
porter des Pâtés de Pantin, & autres Mar
chandises de Pâtisserie, & qui déclare l
Saisie de plusieurs Pâtés bonne & valable
& condamne en 10 livres de dommages
intérêts envers les Jurés, & aux dépens*

A Tous ceux qui ces Présentes Lettres verront, Ga briel-Jerôme de Bullion, Chevalier Comte d'E climont, Prevôt de Paris, SALUT, sçavoir faisons Que sur la Requête faite en jugement devant Nous l'Audience de la Chambre de Police au Châtelet de Pa ris, par M. Chastelus, Procureur des Jurés en Charg de la Communauté des Maîtres Pâtissiers à Paris saisis sans, par exploit de Borme, Huissier, du 30 May der nier, dûement contrôlé & présenté, cinq pâtés de veau de chacun un pied de longuer, & huit pouces en tra vers, étant dans deux paniers sur une bête azine, con duite par une femme par elle exposés en vente rue S Honoré, ce qui est un colportage défendu par les Statut & Reglemens de ladite Communauté, & par nos Sen tences confirmées par Arrêt & Edits aux fins dudit ex ploit susdaté, & de notre Ordonnance étant ensuite qui adjuge la confiscation au profit des Demandeurs, &

aumône

nôner aux Religieux Recolets, & encore Demandeurs x fins de la Requête à Nous présentée, & de notre 'donnance du neuf du présent mois, portant révocan par devant Nous, de l'assignation donnée en la Précté de l'Hôtel, & exploit fait en conséquence par Bournne Huissier, du dix dudit mois, dûement contrôlé & ésenté ; tendant à ce que les Conclusions y portées ır soient adjugées avec dommages-intérêts & dépens, *ntre Thomas le Commandeur, Patissier privilegié* demeunt à Pantin, Défendeur ; oui ledit M. Chastelus en son aidoyer, par vertu du défaut de nous donné contre Défendeur non Comparant, ni Procureur pour lui dûent appellé, lecture faite des Pieces, nous avons lesdis défenses portées par notre Ordonnance susdatée réïrées ; en conséquence *avons ladite saisie* des cinq pâtés en iestion déclarée bonne & valable : ordonnons que la onfiscation provisoire par nous prononcée demeurera éfinitive ; faisons défenses aud. Défendeur de faire colorter des marchandises de pâtisserie dans la Ville & aubourg de Paris ; & pour l'avoir fait le condamnons ı vingt livres de dommages & intérêts envers les Jurés e ladite Communauté & aux dépens, ce qui sera exéuté nonobstant & sans préjudice de l'appel, & soit sigifié : en témoin de ce nous avons fait sceller ces Préentes, qui furent faites & données par Messire Claude-Ienri Feydeau de Marville, Conseiller du Roy en ses Conseils, Maître des Requêtes ordinaire de son Hôtel, Lieutenant Général de Police de la Ville de Paris, tenant le siége le Vendredy dix-neuf Juin mil sept cent quarante-quatre.

Collationné *Signé* LAMBERT.

A Tous ceux qui ces Présentes Lettres verront Gabriel-Jerôme de Bullion, Chevalier Comte d'Esclimont, Prevôt de Paris SALUT, sçavoir faisons: Que sur la Requête faite en jugement devant Nous à l'Audience de la Chambre de Police du Châtelet Paris, par M. Chastelus, Procureur des Jurés en Ch ge de la Communauté des Maîtres Pâtissiers à Par saisissans en contravention le Défendeur ci-après nom par exploit de Borme Huissier à Verge, du trente M dernier, dûement contrôlé, & présenté, cinq Pâtés veau de Chacun un pied de longueur, & huit pou en travers dans deux paniers, sur une bête azine, co duite par une femme, & par elle exposés en vente saint Honoré, ce qui est un colportage défendu par Statuts & Réglemens de ladite Communauté, & par n Sentences confirmées par Arrêt, & Demandeur aux f de notre Ordonnance, qui prononce la confiscati provisoire, & aumôner aux Religieux Récolés, & D mandeurs aux fins de la Requête à nous présentée le ne Juin dernier, & en exécution de notre Ordonnance dix-neuf dudit mois de Juin, ordonne la confiscati provisoire définitive; fait défenses au Défendeur de fa colporter, pour l'avoir fait le condamne en 20 livres dommages-intérêts & aux dépens; & encore Demande en exécution de l'Arrêt du Parlement de renvoy, du ving un Juillet dernier, à ce que les Conclusions y port lui soient adjugées avec dépens, *contre le sieur Thom le Commandeur*; Patissier demeurant à Pantin, Défe deur: oui led. M. Chastelus en son Plaidoyer, & p vertu du défaut de nous donné contre le Défendeur n Comparant, ni Procureur pour lui, dûment appell lecture faite des Pieces des Parties; Nous en conséque ce de l'Arrêt du Parlement susdaté qui renvoye par d vant Nous, avons la saisie des cinq Pâtés de Pantin d clarée bonne & valable: ordonnons que notre Senten du dix-neuf Juin dernier, sera exécutée selon sa forr & teneur, reïterons les défenses y portées: conda nons le Défendeur aux dépens, même en ceux rése vés par l'Arrêt du Parlement; & que notre présente Se tence sera imprimée, lûe, publiée & affichée aux lie endroits néceſſaires & accoutûmés, aux frais du Dé-ndeur, ce qui ſera exécuté nonobſtant & ſans préju-ce de l'appel, & ſoit ſignifié : en témoin de ce Nous ons fait ſceller ces Préſentes qui furent faites & don-es par Meſſire Claude-Henri Feydeau de Marville, hevalier, Conſeiller du Roy en ſes Conſeils, Maitre s Requêtes ordinaire de ſon Hôtel, Lieutenant Géné-l de Police de la Ville de Paris, y tenant le ſiége le endredi vingt-un Août mil ſept cent quarante-quatre.

Collationné. *Signé* DE BEAUVAIS.

A Tous ceux qui qui ces Préſentes Lettres verront, Gabriel-Jerôme de Bullion, Chevalier Comte Eſclimont, Prevôt de Paris, SALUT, ſçavoir faiſons: ue ſur la Requête faite en Jugement devant Nous à Audience de la Chambre de Police du Châtelet de aris par M. François-Spire Chatelus, Procureur des rés en Charge de la Communauté des Maitres Pâti-ers à Paris, ſaiſiſſant en contravention le Défendeur ar Exploit du trente Mai dernier, demandeurs en exé-ution de notre Ordonnance du trente Juin dernier, tant au bas du Procès-verbal de ſaiſie & exécution, e notre Sentence du dix neuf dudit mois de Juin, & ingt-un Août dernier, & Défendeurs, aſſiſtés de M. Duret leur Avocat, contre M. de Boiſchevalier, Pro-ureur de Thomas Commandeur Pâtiſſier à Pantin, Défendeur oppoſant, ſuivant ſa Requête verbale du remier Septembre dernier, & encore incidamment De-nandeur ſuivant ſes défenſes du trente-un Août dernier, ſſiſtés de M. Dumontet ſon Avocat, Parties ouies, ecture faite des Pieces des Parties: Nous avons la Par-ie de Dumontet débouté de ſon oppoſition; ordon-nons que nos précédentes Sentences ſeront exécutées elon leur forme & teneur, avec dépens, & néanmoins es Dommages & intérêts moderés à dix livres; ce qui era exécuté nonobſtant & ſans prejudice de l'appel, &

soit signifié : en témoin de ce nous avons fait sceller ce Présentes ; ce fut fait & donné par M. le Lieutenant Général de Police au Châtelet de Paris, tenant le Siege le Vendredy 20 Novembre mil sept cent quarante quatre. Colationné. *Signé* DE BEAUVAIS.

L'Ordonnance ci-dessus a été lûe & publiée à haute & intelligible voix, à son de Trompe & Cri public, en tous les lieux ordinaires & accoutumés par moi Jacques Girard, Juré Crieur ordinaire du Roi, de la Ville, Prévôté & Vicomté de Paris, demeurant rue des Arcis, Paroisse S. Merry, soussigné, accompagné de Louis-François Ambezar, Jacques Hallot, & Claude-Louis Ambezar, Jurés Trompettes, le 16 Janvier 1745, à ce que personne n'en prétende cause d'ignorance ; & affichée ledit jour esdits lieux. Signé GIRARD.

Imprimées à la diligence de Jacques Maris Michel Leclerc, Nicolas Noël, & Thomas Colin, Jurés en Charge de la Communauté des Maitres Pâtissiers, & de Jean Dorigny, Syndic & Receveur en Charge de ladite Communauté.

ARREST DU CONSEIL D'ETAT DU ROY,

QUI réunit à la Communauté des Maîtres Pâtissiers de la Ville & Fauxbourgs de Paris, ving-trois Offices d'Inspecteurs & Contrôleurs créés dans ladite Communauté par Edit du mois de Fevrier 1745, en payant la somme de 46000 liv. suivant la soumission du 7 Avril, & dans les termes y énoncés. Permet à la Communauté pour le payement de la finance de ces Offices, fournir aux frais qu'elle sera obligée de faire, d'emprunter 48000 liv. Et où elle ne trouveroit pas à emprunter ladite somme en tout ou partie, enjoint aux Maîtres & Veuves qui font la profession de Pâtissier, de prêter les sommes pour lesquelles ils seront employés dans l'Etat de Répartition qui sera fait par les Anciens & Jurés, & arrêté par M. le Lieutenant General de Police; & pour mettre la Communauté en état de se liberer &

de rembourser par la suite les sommes qu'elle aura empruntées, Sa Majesté lui accorde differens Droits exprimés dans ledit Arrêt.

Du 19 Juin 1745.

Extrait des Registres du Conseil d'Etat.

SUR la Requête présentée au Roy en son Conseil par les Syndic-Receveur & Jurés en charge de la Communauté des Maîtres Patissiers de la Ville, Fauxbourgs & banlieue de Paris : CONTENANT que par le Rôle arrêté au Conseil, la finance des Offices d'Inspecteur & Contrôleur des Jurés de la Communauté des Patissiers, créés par Edit du mois de Février 1745. ayant été fixée à la somme de 46000 liv. les Supplians se sont déterminés à faire leur soumission pour obtenir la réunion de ces Offices, suivant la faculté qui leur en a été accordée par cet Edit, dans l'esperance que Sa Majesté touchée des representations qu'ils auront l'honneur de lui faire, voudra bien par une modération réduire cette finance à une somme proportionnée à l'état de la Communauté des Patissiers, à leur profession peu lucrative, & à la modicité de leur fortune particuliere ; cependant comme cette Communauté ne peut par elle-même payer la finance dont il s'agit, à quelque somme qu'elle demeure fixée, & qu'elle sera obligée de faire des emprunts de sommes necessaires, tant pour le payement de cette finance que pour subvenir aux frais des Contrats de constitution qu'il faudra passer, & aux autres dépenses relatives à ces emprunts, les Supplians ont réflechi sur les moyens de faire rentrer ces sommes. Ceux qu'ils proposent par leur Déliberation du 8 May 1745. & par les conclusions qu'il vont prendre, leur paroissent les plus simples & les moins onereux à leur

ommunauté : Sa Majesté fera d'autant moins difficul-
de les autoriser, qu'ils l'ont été en partie par les Let-
es Patentes qui leur furent accordées le 28 Juin 1707.
our faciliter le remboursement des sommes qu'ils a-
oient empruntées pour une cause semblable. A ces
ause, requeroient les Supplians qu'il plût à Sa Majesté
rdonner qu'en payant la somme de 46000 liv. pour la
nance des Offices d'Inspecteurs & Controlleurs des Ju-
és de leur Communauté, créés par Edit du mois Fe-
rier 1745. & ce dans les termes qui seront prescrits,
sdits Offices seront réunis & incorporés à ladite Com-
unauté avec les droits y attribués, aux gages actuels
effectifs par un chacun an de ...... dont le fonds
era employé dans les Etats des Finances de la Gene-
alité de Paris, à commencer du .... pour en
ouir suivant ledit Edit, sauf & sans préjudice ausdits
urés de se pourvoir pour obtenir de Sa Majesté une
noderation ou réduction de ladite somme de 46000
iv. permettre à ladite Communauté des Pâtissiers, pour
aciliter le payement de la finance dont il s'agit, d'en
mprunter les derniers en tout ou partie ; comme aussi
a somme de 2000 liv. pour les aider à subvenir aux
rais & faux-frais qu'occasionneront l'emprunt & le re-
ouvrement desdites sommes, dont & du tout les Supplians rendront compte à ladite Communauté ; & où
les Jurés ne pourroient trouver à faire ledit emprunt
en tout ou partie, conformément & aux conditions portées par ledit Edit, leur permettre d'en faire l'impo-
sition sur les Maitres & Veuves de leur dite Communauté, à cet effet de faire un Etat de Repartition de
ce que chacun d'eux devra fournir, lequel Etat sera
arrêté par le sieur de Marville Maitre des Requêtes,
Lieutenant General de Police, & les dénommés en celui contraints comme pour les propres derniers & affaires de Sa Majesté, à condition que lesdits Maitres
& Veuves seront payés par ladite Communauté des

interêts des sommes qu'ils auront fournies sur le pie du dernier vingt, & ce à comprer du jour que chacu d'eux aura achevé de payer sa cotte part, lesquels inte rêts, francs du dixiéme, auront cours jusqu'au parfa remboursement des principaux. Et pour faciliter à la dite Commƺunauté le payement desdits arrerages, mê me lui donner le moyen d'acquitter de tems à autre que que chose sur le principal. 1°. Permettre aux Jurés, con formément à l'Arrêt du Conseil du 25 Septembre 169 de recevoir au nombre des Anciens de ladite Commu nauté huit Maitres modernes ou jeunes reconnus de bon ne vie & mœurs, tranquilles, en payant par chacun d'eu à la bourse de ladite Communauté une somme de 60 l. & les autres droits honorifiques accoutumés, tels qu payent lesdits Jurés lorsqu'ils entrent en Charge, a moyen de quoi ils jouiront du rang & de tous les droi & prérogatives d'Anciens Maitres de ladite Communa té. 2°. Ordonner qu'il sera payé pour chaque Brev d'Apprentissage, au lieu de la somme de 15. liv. regl par les Lettres Pantentes du 28 Juin 1707. celle d 18. liv. & pour chaque transport de Brevet, au lie de 20. liv. celle de 24 liv. le tout y compris les droi accoutumés attribués aux Jurés. Ordonner pareilleme que lesdits Brevets d'Apprentissage seront passés un mo après l'essay de celui qui entre chez un Maitre pou faire l'Apprentissage du Métier de Pâtissier ; à l'eff de quoi les Maitres seront tenus d'avertir les Jurés d la presentation des Apprentifs, à peine de 60. liv. da mende au profit de ladite Communauté, sans qu'il soi permis de faire aucun Alloué sous la même peine 3° Permettre aux Jurés de ladite Communauté, confor mément à l'article sept desdites Lettres Patentes d 28 Juin 1707. & jusqu'au parfait remboursement de sommes principales qui seront empruntées, de recevoi par chacun an pendant l'espace de dix ans, deux Maitre sans qualité, en payant chacun la somme de 800 liv

outr

tre les droits honorifiques ordinaires & accoutumés, en faisant par eux experience suivant l'usage. 4°. rmettre aux Jurés de ladite Communauté de perceoir & exiger de chacun Maitre & Veuve & par Bouque, & Anciens qui ne tiennent point Boutique 22 ls 6 den. à chacune des quatre Visites qui seront fais tous les ans par les Jurés, ladite somme faisant le uart de celle de 4 liv. 10. s. attribuée ausdits Offices Inspecteurs & Controlleurs par ledit Edit de création u mois de Fevrier dernier, sans préjudice de ce qui partient aux Jurés pour droits de Quittance, le tout onformément à la Déclaration du 15. Mai 1691. 5°. Ordonner que toutes les sommes dont la perception era autorisée par l'Arrêt qui interviendra, seront emloyées à payer & rembourser le principal & arrérages e celles que la Communauté des Pâtissiers sera obligée 'emprunter pour le payement de la finance à laquelle eldits Offices seront taxés, par moderation ou autrement eront perçues jusqu'au parfait remboursement du prinipal. 6°. Ordonner en outre que les Statuts, Déclarations, Arrêts, Sentences de Police & Reglemens rendus en faveur de ladite Communauté, notamment es Lettres Patentes du 28 Juin 1707. seront executées selon leur forme & teneur, en ce qui n'y sera dérogé par l'Arrêt qui interviendra, sur lequel toutes Lettres Patentes necessaires seront expediées. Vû ladite Requête signée George de la Roche Avocat des Supplians, la Déliberation du 8 May 1745. & autres pieces jointes à ladite Requête & justificatives du contenu en icelle. Oüi le Rapport du Sieur Orry Conseiller d'Etat ordinaire & au Conseil Royal, Controlleur General de Finances. LE ROI EN SON CONSEIL a agréé & reçu la soumission faite par les Maitres Pâtissiers de la Ville & Fauxbourg de Paris le 7 Avril dernier de payer la somme de 46000. l. pour la réunion des vingt-trois Offices créés dans leur Communauté par Edit du mois de Fevrier 1745. en consequence a ordonné & ordonne qu'en payant ladite somme de 46000 liv. dans le termes énoncés dans ladite soumission, lesdits Office d'Inspecteurs & Controlleurs des Jurés, seront & demeureront réunis à ladite Communauté, pour par elle jouir des gages & prérogatives y attribués, sans que ladite Communauté soit tenue de payer les deux sols pou livre de ladite somme dont sa Majesté lui a fait don & remise. Permet Sa Majesté à ladite Communauté, pou lui faciliter le payement de la finance desdits Offices & de fournir en même tems aux frais qu'elle sera obligé de faire à cet effet, d'emprunter la somme de 4800c liv. d'affecter & hypotéquer au profit de ceux qui prêteront leur deniers, les gages & droits attribués ausdit Offices, ensemble ses autres biens & revenus, & d passer à cet effet tous Contrats de constitution necessaires. Veut Sa Majesté, conformément à la Déliberation de ladite Communauté, que dans le cas où elle ne trouveroit pas à emprunter ladite somme en tout ou partie, l. Maitres & Veuves qui exercent actuellement la Profession, soient tenus de prêter à la Communauté, les sommes pour lesquelles ils seront employés dans l'état de répartition qui sera fait par les Jurez & Anciens, & arrêté par le Sieur Lieutenant General de Police, dont il leur sera fait rente au denier 20, sans retenue du dixiéme, à compter du jour que chacun aura achevé de payer sa cotte-part jusqu'à parfait remboursement, au payement desquelles sommes ils seront contraints comme pour les propres deniers & affaires de sa Majesté; & pour mettre ladite Communauté en état de se délibérer & de rembourser par la suite les sommes qu'elle aura empruntées, lui permet Sa Majesté de recevoir au nombre des Anciens huit Maitres modernes ou jeunes, en payant par chacun d'eux au profit de la Communauté une somme de 600 liv. & autres droits tels que les payent les Jurez lorsqu'ils entrent en Charge, au moyen de quoi ils jouiront du ng & de tous les droits & prérogatives des Anciens. rdonne Sa Majesté qu'il sera payé pour chaque Brevet Apprentissage, la somme de 18 liv. au lieu de celle e 15 liv. & pour chaque transport de Brevet 24 liv. au eu de 20 liv. y compris les droits attribués aux Jurez, squels Brevets seront passés un mois après l'essai de elui qui sera entré chez un Maitre pour y faire son pprentissage, à l'effet de quoi les Maitres seront tenus 'avertir les Jurez de la présentation des Apprentifs, peine de 60 liv. d'amende au profit de la Communauté, ans qu'il soit permis de faire aucun Alloué, sous la même eine. Que les Maitres & Veuves tenant Boutiques, & nciens qui n'en tiennent plus, payeront à chacunes des uatre Visites qui seront faites tous les ans par les Jurez a somme de 22 s. 6 d. faisant le quart de celle de 4 l. o s. odonnée par led. Edit du mois de février, sans préudice de ce qui revient aux Jurez pour droits de Quitance. Permet en outre S. M. à ladite Communauté, de ecevoir par chacun an, pendant l'espace de dix années, deux Maitres sans qualité, en payant chacun la somme de 800 l. non compris les droits ordinaires & accoutumés, & en faisant par eux experience suivant l'usage; lesquels droits de reception & autres droits ci-dessus xprimés, seront pareillement affectés & hypptequés au payement des arrérages des rentes créées pour raison, de l'emprunt desdites 48000 liv. même employées au remboursement de portion des capitaux, à mesure qu'il y aura des fonds, à l'effet de quoi les Jurez successivement en Charge seront tenus d'en compter tous les six mois; ainsi que des gages & droits attribués ausdits offices réunis. FAIT au Conseil d'Etat du Roy tenu au Camp sous Tournay le dix-neuviéme Juin mil sept cens quarante-cinq. *Collationné*, *signé* DEVOUGNY, avec paraphe.

Cet Arrêt a été obtenu par les soins & à la diligence de Messieurs Jacques Maris, Michel Leclerc, Nicolas

Noel, Thomas Collin, Jurés de présent en Charge & Jean Dorigny, Sindic & Receveur en Charge.

Ceux qui auront des deniers à prêter à la Communauté s'adresseront aux Syndic, Receveur & Jurez.

EXTRAIT de l'Arrêt de Nosseigneurs du Parlement rendu en faveur de la Communauté des Maitres Pâtissiers Oublayers de la Ville & Fauxbourgs de Paris, opposans à l'enregistrement des Statuts des Maitres Rotisseurs.

du 19 Juillet 1746.

ENTRE lesdits Maitres Rôtisseurs demandeurs aux fins desdits enregistrement de leurs Statuts, & Reglemens d'une part, & lesdits Maitres Patissiers, & Contre les Marchands de Vin, les Marchands Bouchers, les Maitres Traitteurs, & les Maitres Chaircuitiers, tous opposans à l'Enregistrement desdits Statuts, est extrait ce qui suit.

NOTREDITE COUR faisant Droit sur le tout, reçoit les Syndics, Jurez & Communauté des Pâtissiers Opposans à l'Enregistrement des Statuts & Lettres-Patentes du mois de Juin 1747. obtenuës par ladite Communauté des Rotisseurs, à ce que par l'Article 2 desdits Statuts il est dit que les Rotisseurs jouiront exclusivement du Droit de faire rôtir toutes sortes de Viandes de Boucherie, Rotisserie & autres pour la com

dité du Public, & en ce que par l'Article 28. des
s Statuts il est dit que lesdits Pâtissiers ne pourront,
is quelque prétexte que ce soit, étaler au-dehors
sur leurs Boutiques les Gibiers & Volailles en poil ou
plume, mais seulement en pâte & de nature à met-
en Pâte, à peine de Confiscation des Marchandises
de 100 livres d'Amande; Faisant Droit sur ladite
position, maintient & garde lesdits Pâtissiers dans le
roit & Possession de faire cuire dans leurs Fours les
andes de Boucherie & autres qui leur seront apportées
r les particuliers, & d'étaller sur les Appuis de leurs
utiques & au dehors d'icelles les Gibiers & Volailles
toutes especes qui leur seront apportées pour mettre
Pâte, à l'effet seulement de les conserver plus long-
ms, & de les préserver de la corruption en les mettant
l'air, sans pouvoir neanmoins par lesdits Pâtissiers
ndre ny débiter les Gibiers & Volailles ainsi étallez
i'en nature de Tourtes & Pâtez, & non d'un autre fa-
n; Déboute les Syndics, Jurez & Communauté des
haircuitiers de leur Opposition à l'Enregistrement des-
ts Statuts & Lettres-Patentes restrainte aux Articles 11.
9. & 30. en consequence ledit Article 29. executé
la charge neanmoins de n'employer le Lard que les Ro-
sseurs auront acheté, que pour leur usage & profession,
de n'en point faire de Magasin, ny en vendre en
ros & en détail, & qu'ils ne pourront pareillement
aller ny vendre de Jambons; Déboute pareillement
s Jurez & Communauté des Maitres Queuës-Cusiniers
Traiteurs de leur opposition aux Articles premier,
1. & 27. desdits Statuts, en consequence maintient
sdits Rotisseurs dans le Droit & possession de piquer
e lard fin indistinctement toutes sortes de Viandes; fait
effenses ausdits Traiteurs d'employer dans leurs Festins
es viandes piquées de lard fin, si elles n'ont eté achettées
es Rotisseurs; pourront seulement lesdits Traiteurs
arder de gros lard les Volailles & Gibiers qu'ils em-

ployeront dans leurs Ragoûts, dans lesquels ils ne po-
ront employer que la Volaille ou Gibier, soit-je
ou vieux, qu'ils auront acheté chez lesdits Rotisseu
Fait deffenses ausdits Traitteurs d'acheter ou faire ac
ter des Marchands Forains sur le Carreau de la Vall
ou ailleurs que chez les Rotisseurs en boutique, aucu
Piéces de Volailles, Gibiers, Agneaux & cochons
Lait, à peine de confiscation & de 100 liv. d'Aman
Ayant égard à l'Intervention desdits Pâtissiers, les ma
tient & garde dans le Droit & Possession, confor
ment à l'édit du mois de Décembre 1581. & des Arr
de notredite Cour des trois Septembre 1740. &
May 1745. d'unir à leur qualité de Pâtissier celle
Traitteurs, & d'exercer les deux Métiers conjointem
ensemble, de mettre un tableau au dessus de leur Boutiq
qui indique au public qu'ils exercent l'un & l'autre M
tier, comme aussi dans le droit d'acheter sur le careau d
Halle des Marchands Forains tout le Lard frais q
peut leur être necessaire pour le saller & assaisonne
& s'en servir aux Ouvrages de Pâtisserie, à la char
par lesdits Pâtisserie en qualité de Traitteurs
d'acheter tout ce qui conviendra pour l'exerc
dudit Métier chez les Chaircuitiers ; comme au
que conformément audit Édit & ausdits Arrêt
les Rotisseurs pourront être Traiteurs, à la Ch
ge par eux de payer les Droits à la Communauté d
Traiteurs, de faire leur Apprentissage, & de ne te
qu'une Boutique ouverte ; Comme aussi à la Char
que ceux desdits Pâtissiers ou Rotisseurs qui ne serc
point Traitteurs, ne pourront s'associer & demeur
dans la même Maison; Déboute les Syndic, Jurez
Communauté des Bouchers, & les Maitres & Gard
en Charge du Corps des Marchands de Vin de Par
de leurs Oppositions à l'enregistrement desdits Stat
en consequence, sans s'arrêter aux Requêtes desdi
Marchands de Vin des 17. Février & 16. Mars 174

it Deffenses aux Marchands de Vin en Gros, par Assiettes ou en détail, d'achetter ou faire achetter des Marchands Forains sur le Carreau de la Vallée ou ailleurs ne chez les Rotisseurs, aucune Piéce de Volaille ou Gibiers, Agneaux & Cochons de Lait, même pour la consommation de leur Maison; Ordonne qu'il sera passé outre, si faire se doit à l'enregistrement desdits Statuts & Lettres Patentes desdits Rotisseurs; Sur le surplus des autres Demandes, Fins & Conclusions des Parties, les a mis hors de Cour, sauf ausdits Maitres Chaircuitiers sur leurs Demandes portées par Requête du 14. Decembre dernier, à se pourvoir ainsi qu'ils aviseront; Ordonne que le présent Arrêt sera transcrit sur les Registres de chacune desdites Communautez; Condamne ladite Communauté des Rotisseurs & celle des Chaircuitiers aux Dépens faits chacun à leur égard par les Pâtissiers; Condamne les Maitres & Gardes de la Communauté des Machands de Vin, les Maitres Bouchers Chaircuitiers & Traiteurs, aussi chacun à leur égard, en tous les Dépens envers ladite Communaulé des Rotisseurs, même lesd. Chaircuitiers en ceux faits par lesd. Rotisseurs contre les Pâtissiers sur l'Intervention desdits Chaircuitiers. MANDONS mettre le présent Arrêt à execution; de ce faire donnons Pouvoir. DONNE' en notredite Cour de Parlement le dix-neuvieme jour du mois de Janvier, l'an de grace mil sept cens quarante-six, & de notre Regne le trente-uniéme. Collationné. Signé GUENARD. Par la Chambre; Signé DUFRANC.

Le présent Arrêt à ete obtenu du tems & par les soins de Messieurs Ambroise Dupré, Pierre Dupré, Pierre Gibert & Julien Gourdon, *Jurez en Charge.*

TABLE

Des Statuts & Privileges, Ordonnances, Arrests & Sentences rendues en faveur de la Communauté des Maitres Pâtissiers Oublayers de cette Ville, Fauxbourgs & Banlieue de Paris.

Fin de la Table.